U0959342

《中国法院2023年度案例》编委会

主　任　刘贵祥

副主任　李晓民　雷　鸿　胡田野　王晓芳　袁登明

成　员　赵海峰　王　立　梁　欣　程　瑛　王　锐
　　　　　刘　畅　曹海荣　朱建伟　李晓果

《中国法院2023年度案例》编辑人员（按姓氏笔画）

王　锐　王翼妍　刘　畅　朱建伟　朱　琳　李晓果
李明桓　李　谦　宋　爽　林子雍　胡　岩　赵文轩
姜　丹　唐世银　唐鑫鑫　徐　汛　曹海荣　梁　欣
程　瑛　焦　颖　潘园园

编　务　赵文轩

本书编审人员　梁　欣

中国法院2023年度案例

国家法官学院　最高人民法院司法案例研究院 / 编

刑事案例一

（犯罪、刑罚的具体运用、刑事证据、程序）

中国法制出版社
CHINA LEGAL PUBLISHING HOUSE

《中国法院2023年度案例》通讯编辑名单

刘晓虹	北京市高级人民法院	宋淼军	湖北省高级人民法院
王　凯	北京市高级人民法院	黄　娅	湖北省宜昌市中级人民法院
董　扬	天津市高级人民法院	唐　竞	湖南省高级人民法院
童若涵	河北省高级人民法院	李　雪	广东省高级人民法院
崔铮亮	山西省高级人民法院	邹尚忠	广西壮族自治区高级人民法院
杨智勇	内蒙古自治区高级人民法院	韦丹萍	广西壮族自治区高级人民法院
周文政	辽宁省高级人民法院	李周伟	海南省高级人民法院
苏　浩	吉林省高级人民法院	闫帅锋	重庆市高级人民法院
王　妍	黑龙江省高级人民法院	任　梦	四川省高级人民法院
牛晨光	上海市高级人民法院	杨俊杰	云南省高级人民法院
缪　芳	江苏省高级人民法院	石　瑾	云南省昆明市中级人民法院
左一凡	江苏省高级人民法院	伍席芳	贵州省高级人民法院
谷昔伟	江苏省南通市中级人民法院	余长智	贵州省贵阳市中级人民法院
宋婉龄	江苏省无锡市中级人民法院	王丽萍	西藏自治区高级人民法院
杨　治	浙江省高级人民法院	郑亚非	陕西省高级人民法院
李　波	浙江省高级人民法院	张旦旦	甘肃省高级人民法院
刘伟玲	安徽省高级人民法院	王　晶	青海省高级人民法院
杨　宇	福建省高级人民法院	康　莹	宁夏回族自治区高级人民法院
章光园	江西省高级人民法院	石孝能	新疆维吾尔自治区高级人民法院
李　宁	山东省高级人民法院	吉　雄	新疆维吾尔自治区高级人民法院生产建设兵团分院
张　琦	河南省高级人民法院		

序

法治是治国理政的基本方式，司法是法治体系的重要基石。党的二十大报告指出，要坚持走中国特色社会主义法治道路，建设中国特色社会主义法治体系、建设社会主义法治国家。加快建设公正高效权威的社会主义司法制度，努力让人民群众在每一个司法案件中感受到公平正义。人民法院始终坚持以习近平新时代中国特色社会主义思想为指导，深入学习贯彻习近平法治思想，围绕“公正与效率”这一主题，践行新时代能动司法理念，把加强司法案例研究作为加快建设公正高效权威社会主义司法制度，坚持为大局服务、为人民司法的重要途径，通过发布具有普遍指导意义的典型案例，统一法律适用，提高审判质效，提升司法公信力，努力让人民群众在每一个司法案件中感受到公平正义。

“中国法院年度案例系列”丛书，是国家法官学院和最高人民法院司法案例研究院精选全国各高级人民法院每年选送的优秀案例，深入挖掘典型案例内在价值编辑的实用精品丛书，旨在总结提炼典型案例的裁判规则和裁判方法，发挥司法规范、指导、评价、引领的重要作用，大力弘扬社会主义核心价值观，增强全民法治意识和法治素养，展现新时代我国司法领域新发展、新成就。

本丛书自2012年编辑出版以来，已连续出版12年，每年年初出版，受到读者广泛好评。本丛书出版之初有15个分册。近年来，为顺应审判执行实践需要，更加全面反映我国司法审判执行工作的发展进程，响应读者需求，2014年度新增金融纠纷、行政纠纷、刑事案例3个分册，2015年度将刑事案例调整为刑法总则案例、刑法分则案例2个分册，2016年度新增知识产权纠纷分册，2017年度新增执行案例分册，2018年度将刑事案例扩充为4个分册，2022年度将土地纠纷（含林地纠纷）分册改为土地纠纷（含环境资源案例）分册。在全国各级人民法院的大力支持下，丛书编委会现编辑出版《中国法院2023年度案例系列》丛书，共23个分册。

“中国法院年度案例系列”丛书以开放务实的态度、简洁明快的风格，追求“好读有用”，主要体现出以下特色：一是选编案例来源广泛、时效性强。

国家法官学院和最高人民法院司法案例研究院每年通过各高级人民法院汇集全国范围内上一年度审结生效的典型案例近万件，使该丛书有广泛的精选基础，可及时、定期提供全国范围内新近发生的多种类型的新型、疑难案例。二是由法官释理说法，全方位深度挖掘案例价值。大多数案例由主审法官撰写“法官后语”，深入阐释案例的裁判思路和相关考量，充分发挥典型案例在司法裁判、类案参考、法学研究、行为指引、宣示教育等方面的价值，力求引发读者的共鸣与思考，为读者提供借鉴和启迪。三是编排依次以案由和法律适用问题为序，方便读者检索。丛书充分体现“以读者为中心”的理念，每册内容主要根据案由分类编排，每个案例主要围绕法律适用问题，用一句话精要概括裁判规则、裁判思路或争议焦点，以其作为主标题，让读者能一目了然，迅速找到所检索的目标案例。四是注重裁判文书再加工，高度提炼案例内容。案例编写突出争议焦点以控制篇幅，剔除无关信息，尽可能在有限的篇幅内为读者提供更多与争议焦点、所查类案相关的有效、有益信息。

中国法制出版社始终全力支持“中国法院年度案例系列”丛书的出版，给了作者和编辑们极大的鼓励。2023年，这套丛书将继续提供数据库增值服务。购买本书，扫描前勒口二维码，即可在本年度免费查阅往年同类案例数据库。我们在此谨表谢忱，并希望通过共同努力，逐步完善，做得更好，真正探索出一条编辑案例书籍、挖掘案例价值的新路径，更好地服务司法审判高质量发展、服务法治社会建设、服务学习研究法律的读者。

“中国法院年度案例系列”丛书既是法官、检察官、律师等法律工作者的办案参考和司法人员培训的实用教材，也是社会大众学法用法的经典案例读本，同时是教学科研机构与人员从事案例研究的良好系列素材。当然，案例作者和编辑在编写、编审过程中也难以一步到位实现最初的愿望，客观上会存在各种不足甚至错误，欢迎读者批评指正。我们愿听取各方建议，不断拓宽深化司法案例研究领域，立足新发展阶段，推动实现中国特色司法案例事业的高质量发展。

国家法官学院

最高人民法院司法案例研究院

2023年5月

目　录

Contents

一、犯　罪

（一）犯罪和刑事责任

（四）减 刑

三、刑事证据

四、程　序

一、犯　罪

（一）犯罪和刑事责任

1

采用禁食、打骂等方式虐待幼童致其死亡的，应以虐待罪的结果加重犯定罪处罚

——郑某琼、唐某梅虐待案

【案件基本信息】

1. 裁判书字号

福建省厦门市海沧区人民法院（2021）闽 0205 刑初 232 号刑事判决书

2. 案由：虐待罪

【基本案情】

被告人郑某琼、唐某梅系夫妻关系，被害人唐某微（2015 年 8 月 17 日出生）系二被告人的二女儿，双方还育有一女唐某某（2014 年 8 月 5 日出生）。2019 年 8 月前唐某微随爷爷奶奶在龙岩生活，其后被告人郑某琼、唐某梅将唐某微接到厦门市某小区××室共同生活，来厦时唐某微体重正常、身材匀称。自 2020 年 9 月开始，因对唐某微的不良生活习惯感到厌烦，郑某琼、唐某梅开始

将被害人唐某微锁在房间内，不让其出门，未按时给唐某微吃饭，且存在踢打等不当管教方式。2021年2月3日至2月10日，被告人郑某琼、唐某梅将唐某微锁在小房间内限制活动自由，其间仅提供三次稀饭等少量餐食。2021年2月10日晚，被害人唐某微在家中晕倒，送至医院后经抢救无效死亡。厦门市公安局海沧分局物证鉴定室检验：被害人唐某微头面部、四肢检见散在大小不等、形态不同、新旧程度不一的皮下出血，剖验见顶枕颞部帽状腱膜下出血，以上损伤的形态特点符合钝性外力作用所致，损伤程度为轻伤，不足以导致死亡；尸体检验见死者极度消瘦、体重仅10公斤，呈重度营养不良、恶病质状态；结论是被害人因长期遭受虐待造成重度营养不良导致多器官功能衰竭死亡。2021年2月11日5时许，医院医护人员报警，被告人郑某琼、唐某梅在现场等候民警，二人到案后均如实供述上述犯罪事实。

【案件焦点】

1. 二被告人的虐待行为是否构成虐待罪；2. 被害人死亡结果是否属于虐待罪加重结果。

【法院裁判要旨】

福建省厦门市海沧区人民法院经审理认为：被告人郑某琼、唐某梅共同虐待一名家庭成员，致其死亡，其行为已构成虐待罪。公诉机关指控的罪名成立。本案系共同犯罪。被告人郑某琼、唐某梅犯罪后自动投案，如实供述自己的罪行，系自首，可以从轻处罚。被告人郑某琼、唐某梅均认罪认罚，可以从宽处理。二被告人作为被害人唐某微的父母，非但未因与唐某微分开生活而尽到更多的抚养、照顾义务，弥补双方情感上的疏远，却因幼童不良行为而采取禁食、打骂等对被害人造成心理、身体伤害的违背人伦行为。尤其是作为母亲的郑某琼，因其未外出工作，主要职责是照顾两个女儿的日常生活，却负气将唐某微反锁在房间里，不履行抚养、照顾责任。因被告人郑某琼、唐某梅还育有一名未成年女儿需要被抚养、照顾。本院综合考虑二被告人各自的犯罪情节、认罪态度、悔罪表现以及尚有一女需要被抚养的情况，决定对被告人唐某梅判处缓刑。

福建省厦门市海沧区人民法院依照《中华人民共和国刑法》第二百六十条第二款、第二十五条、第六十七条第一款和《中华人民共和国刑事诉讼法》第十五条之规定，作出如下判决：

一、被告人郑某琼犯虐待罪，判处有期徒刑三年；

二、被告人唐某梅犯虐待罪，判处有期徒刑二年六个月，缓刑四年。

一审判决后，被告人未提起上诉，检察机关未提起抗诉，该判决已发生法律效力。

【法官后语】

判断虐待行为是否升级到犯罪层面，不仅要考虑行为人的犯罪动机与目的，还要从行为人的行为手段、持续的时间以及造成的后果等方面进行综合考量。对于虐待致死的，应正确认定虐待致人死亡的行为性质，以达到罪责刑相适应。

一、罪与非罪的界分

1. 主体要素。根据刑法规定，成立虐待罪的前提是行为人与被害人存在一定的亲属或者抚养关系，即具备家庭成员的身份，并且要求双方共同生活在一起。本案中，被害人唐某微虽在 2019 年 8 月前随爷爷奶奶在龙岩生活，但自 2019 年 8 月起郑某琼、唐某梅将唐某微接到身边共同居住，应当认定二行为人具备虐待罪的行为主体资格。

2. 主观要素。虐待罪是故意犯罪，即行为人明知虐待会导致被害人身体与精神上的伤害，但希望或者放任结果的发生。郑某琼、唐某梅因对唐某微的不良生活习惯感到厌烦而实施虐待行为，主观上有追求被害人肉体和精神上痛苦的故意。

3. 行为要素。虐待罪的成立要求行为人的实行行为达到“情节恶劣”的程度，这也是本罪与非罪的关键区分。虐待具有经常性和连续性的特点，行为人对共同生活的家庭成员在相当长的时间里，进行持续或连续的肉体摧残、精神折磨，致使被害人的身心遭受严重创伤，通常表现为打骂、冻饿、捆绑、强迫超体力劳动、限制自由、凌辱人格等行为。郑某琼、唐某梅自 2020 年 9 月起便对年仅 5 岁的幼儿采用锁在小房间内限制活动自由、未按时提供餐食、踢打等一系列行为手段。2021年2月3日至2月10日，郑某琼、唐某梅将唐某微锁在小房间内限制活动自由，其间仅提供三次稀饭等少量餐食，足以认定其二人实施的行为已经达到“情节恶劣”的标准。

4. 结果要素。根据《最高人民法院、最高人民检察院、公安部、司法部关于依法办理家庭暴力犯罪案件的意见》，虐打造成被害人轻微伤或者患较严重疾病属于“情节结果”。本案被害人2019年8月来厦门时体重正常、身材匀称，而在尸体检验时已极度消瘦、体重仅10公斤，呈重度营养不良、恶病质状态，鉴定结论是被害人因长期遭受虐待造成重度营养不良导致多器官功能衰竭死亡。应注意的是，情节结果与加重结果应予以区分，“呈重度营养不良、恶病质状态”系本案“情节结果”，而“重度营养不良导致多器官功能衰竭死亡”则属于加重结果。

二、虐待致人死亡与故意伤害致人死亡的界分

判断虐待致人死亡应否适用虐待罪的结果加重犯定罪处罚，笔者认为，应当以在案证据为基础分析行为人的主观动机，并注意厘清虐待罪的结果加重犯与故意伤害、故意杀人的区别，准确定位适用罪名。结合本案，笔者着重分析虐待致人死亡与故意伤害致人死亡的界分。虐待罪与故意伤害罪在主观方面皆为故意，但两罪在主观故意的内容上存在较大差异。根据《最高人民法院、最高人民检察院、公安部、司法部关于依法办理家庭暴力犯罪案件的意见》的规定，被告人主观上不具有侵害被害人健康或者剥夺被害人生命的故意，而是出于追求被害人肉体和精神上的痛苦，长期或者多次实施虐待行为，逐渐造成被害人身体损害，过失导致被害人重伤或者死亡的，属于虐待“致使被害人重伤、死亡”，应以虐待罪定罪处罚。

就虐待罪而言，行为人在其主观上只是对被害人进行肉体和精神上的折磨和摧残，意图使被害人感到痛苦，但并不追求或者放任被害人重伤或死亡后果的发生，否则就不能被虐待罪所评价。故行为人对虐待的结果加重的主观状态只能是过失，否则，应按照故意伤害定罪量刑。而故意伤害罪要求行为人在其主观上是有意识地造成被害人身体上的伤害或死亡，表现为行为人对于造成被

害人伤害或死亡结果的追求或放任。简言之，虐待罪的主观故意的内容是对被害人进行肉体上或者精神上的折磨，而故意伤害罪的主观故意的内容是损害他人的身体健康和生理机能。本案中，郑某琼、唐某梅因对唐某微的不良生活习惯感到厌烦，所实施的限制活动自由、未按时提供餐食、踢打等一系列行为能够反映出其主观上存在故意，但行为人只是想通过不当管教方式折磨被害人，以此“教育”被害人改正不良生活习惯，所具备的是造成被害人肉体痛苦的故意，而非使被害人生理机能受到不可逆损害的故意，不应以故意伤害罪定罪处罚。

综上，监护人本该对无民事行为能力人的精神和身体健康负责，作为父母更应呵护照顾自己的孩子，并在孩子的成长过程中予以引导和鼓励。本案中，二行为人作为被害幼童的父母，非但未因从前与幼儿分开生活而尽到更多的抚养、照顾义务，弥补双方情感上的疏远，却因幼童不良行为而采取禁食、打骂等对被害人造成心理、身体伤害的违背人伦行为，造成不可弥补的后果。本案从虐待行为构成要素方面厘清罪与非罪，并从此罪与彼罪的界分入手着重分析虐待致人死亡的行为定性及法律适用，为虐待罪的定罪处罚提供了裁判思路。

编写人：福建省厦门市海沧区人民法院 芦絮 张鑫

2

对共同生活的家庭成员进行身体和精神上的伤害，致使家庭成员自杀，情节恶劣且属加重处罚情节，应以虐待罪从重处罚

——罗某山虐待案

【案件基本信息】

1. 裁判书字号

福建省厦门市中级人民法院（2021）闽 02 刑终第 70 号刑事裁定书

2. 案由：虐待罪

【基本案情】

被告人罗某山与被害人邱某以夫妻名义共同生活十余年，育有一女。自 2016 年以来，罗某山与邱某因感情、财产等问题关系逐渐恶化。其间，罗某山多次以邱某与他人有不正当男女关系、索要“分手费”及其他琐事为由，采用殴打、辱骂、威胁、恐吓、跟踪、限制行动等方式虐待邱某，造成邱某身体受伤和精神痛苦。2019 年 4 月 2 日，罗某山因财产问题和邱某发生争吵，邱某拒绝罗某山查看手机的要求后，吞食老鼠药自杀，被及时制止。2019 年 4 月 5 日，罗某山再次因情感纠纷和邱某发生争吵，并言语威胁邱某。当天 22 时 25 分许，邱某在××公园报警称被罗某山多次家暴，后跳海自杀身亡。2019 年 5 月 29 日，罗某山被公安机关抓获。

【案件焦点】

1. 如何判断被告人客观上存在虐待家庭成员行为及主观上具有虐待故意；

2. 被告人的虐待行为与被害人死亡结果是否存在因果关系，是否属于加重结果；3. 虐待行为是否达到“情节恶劣”标准。

【法院裁判要旨】

福建省厦门市海沧区人民法院经审理认为：被告人罗某山不能正确处理家庭关系，虐待家庭成员，致使被害人自杀身亡，其行为已经构成虐待罪。公诉机关指控的罪名成立。被告人罗某山有其他犯罪前科，可酌情从重处罚。被告人罗某山辩护人关于被告人罗某山无罪的辩护意见理由不足，不予采纳。

福建省厦门市海沧区人民法院依照《中华人民共和国刑法》第二百六十条和第六十四条之规定，作出如下判决：

一、被告人罗某山犯虐待罪，判处有期徒刑三年；

二、扣押在案的手机两部、锁芯一个、定位跟踪器一个，依法予以没收。

被告人罗某山持原审辩解提出上诉。福建省厦门市中级人民法院同意一审法院的裁判意见，依照《中华人民共和国刑事诉讼法》第二百三十六条第一款第一项之规定，作出如下裁定：

驳回上诉，维持原判。

【法官后语】

近年来，家庭暴力事件不断暴露在公众视野下，家庭成员之间的虐待案件时有发生。虐待行为虽进入刑法规制范围，但因其行为的特殊性和隐蔽性，行为人往往不容易认罪伏法，给案件的审理带来一定障碍，本案的被告人亦进行无罪抗辩。法官对证据作了归纳判断，在排除非法证据的前提下，从虐待行为、虐待故意、情节要素、因果关系层层递进分析，抽丝剥茧，最终定罪处罚。

一、虐待行为

在认定客观表现方式前，应先确认本罪的主体范围。根据刑法规定，虐待罪的行为主体必须是共同生活的家庭成员。本案被告人罗某山与被害人邱某虽未办理婚姻登记手续，但是以夫妻名义共同生活，并育有一女，且周围群众均认为二人为夫妻关系，具备时间的长期性、空间的稳定性和身份的依赖性，可认定属于家庭成员。

我国立法没有对“虐待”行为方式作出具体解释。根据《中华人民共和国反家庭暴力法》的规定，家庭成员之间以殴打、捆绑、残害、限制人身自由以及经常性谩骂、恐吓等方式实施的身体、精神等侵害行为，属于“家庭暴力”，而持续性、经常性的家庭暴力，构成虐待。虐待行为可分为身体虐待、精神虐待和性虐待。本案被告人主要实施的是身体虐待和精神虐待行为。首先，被告人有辱骂、殴打被害人行为，自2016年起，二人经常引发争吵并多次报警，多名证人多次目击罗某山辱骂邱某、对邱某扇巴掌、扔砸物品致邱某受伤。其次，被告人有威胁被害人的行为，被告人曾报警称要杀死邱某，有“死路一条”“让你们整个家族感到悲哀无法抬头”“你死无葬身之地”等语句，多名证人听到罗某山威胁邱某及邱某父母。最后，被告人有限制被害人行动的行为，物证、证言相互印证证实罗某山采用电话催促、跟踪行踪、限制外出、查看手机、拿走身份证件等方式控制邱某的行动。

二、主观故意

基础的虐待罪是故意犯罪，行为人明知虐待会导致被害人身体与精神上的伤害，希望或者放任结果的发生。本案被告人对家庭生活中的情感、财产问题心存不满，在日常生活中对被害人进行肉体和精神上的折磨和摧残，致使邱某因罗某山的行为而长期精神痛苦，罗某山明知邱某在被殴打、辱骂时伤心哭泣、会因害怕被殴打而报警，精神无法承受已表现出轻生意图的情况下，仍对被害人邱某的情绪不管不顾，继续施以虐待行为，具有实施虐待行为的主观故意。

三、情节要素

虐待家庭成员的，须达到“情节恶劣”的程度才能构成犯罪。《最高人民法院、最高人民检察院、公安部、司法部关于依法办理家庭暴力犯罪案件的意见》（以下简称《意见》）第十七条对“情节恶劣”作了情形列举，主要包括以下几个方面。

（一）行为特征

虐待持续时间较长、次数较多，呈现一定的持续性和经常性，可认定为

"情节恶劣"。本案被告人从2016年开始实施虐待行为直至2019年案发，持续时间长达三年之久，多名证人多次目击殴打行为，被害人亦多次因被殴打而报警，证明施虐行为次数较多。

（二）行为方式

虐待手段残忍的，可认定为"情节恶劣"，但手段方式需要结合生活经验和常识具体判断，如殴打使用的工具、单一方式或是多种手段并用、痛苦能否使常人无法忍受等。本案被告人采用辱骂、殴打、威胁、恐吓等多种手段对被害人进行肉体虐待和精神虐待，手段多样，已经给被害人造成了身体和精神上一定程度的痛苦。

（三）行为结果

这里的结果是除加重结果外的结果，若某后果已由加重结果评价，则不应该在"情节恶劣"中双重评价。根据《意见》的规定，虐待造成被害人轻微伤或者患较严重疾病属于"情节结果"。本案被告人的虐待行为曾致被害人手臂受伤送医就诊，虽无伤情等级鉴定，但受伤就医足以证明施虐后果的严重性，已达到"情节恶劣"标准。

四、虐待结果

（一）结果加重

《中华人民共和国刑法》第二百六十条第二款规定，犯前款罪，致使被害人重伤、死亡的，处二年以上七年以下有期徒刑，由此可见如果虐待行为导致"重伤、死亡"，则施虐者是虐待罪的结果加重犯，应承担更重的刑罚。

1. 结果加重的罪过形式。虐待罪并非积极追求被害人死亡或者受伤，而仅仅是使被害人"身心受到折磨"，故行为人对虐待的结果加重的主观状态只能是过失，否则，应按照故意伤害定罪量刑。本案的在案证据无法证实被告人施虐过程中积极追求或放任被害人死亡结果的发生，对加重结果的主观状态无法证明是故意，不应以故意伤害罪或故意杀人罪定罪处罚。

2. "致人死亡"是否包括自杀。本案被害人选择跳海自杀方式结束生命，该自杀行为能否归责于加重结果，存在争议。否定说观点认为，结果加重犯具有法定刑，现行法律并未明确规定自杀包含在死亡结果中。肯定说观点认为，自杀死亡与虐待行为具有因果关系时，应将自杀作为加重结果。本文支持肯定说，当行为人的虐待行为足以使被害人的身体和精神遭受压迫而不得已选择自杀时，将自杀作为虐待罪的加重结果能够体现“罚当其罪”，防止家庭暴力伤害行为的升级。

（二）因果关系

犯罪行为合法则地造成结果时，结果就是实行行为的危险现实化，认定实行行为与危险结果之间存在因果关系，同时判断该因果流程中是否有其他因素介入，能否中断因果关系。本案被害人平时乐观开朗，为人热情，但一提起被告人则会伤心落泪，生前多次提到和被告人过得很痛苦，表示不想活了，也因被告人长期的虐待行为而产生自杀念头，遗书及报警情况等证据直接证明系因无法承受被告人长期行为带来的痛苦才选择死亡。可见被告人的虐待行为是导致被害人精神痛苦最终自杀死亡的直接原因，虐待行为与死亡结果具有因果关系。被告人辩称邱某自杀与其大女儿（被害人与前夫的婚生女）有关。从本案证据可知，被害人和大女儿的微信聊天记录证实邱某借住亲戚家时心情愉悦，且被害人关心大女儿，无证据证明被害人因大女儿的行为而自杀，被告人的施虐行为和被害人死亡结果之间的因果关系并未中断。

我国刑法设立虐待罪，旨在保护婚姻、家庭关系中家庭成员的合法权益不受侵犯，因为此类被害人通常无法或较难摆脱家庭关系的束缚，施虐者易利用体力、社会地位、情感依赖上的不平等，借助家庭的掩护长期对被害人实施虐待，引发不良后果。本案在厘清案件事实的前提下，着重分析虐待罪及其加重结果的法律适用问题，最终作出合理判决，为虐待罪的定罪处罚提供了裁判思路。

编写人：福建省厦门市海沧区人民法院　尤泽明　邱碧蓉

3

拒执罪中行为执行情节严重的司法认定

——腰某林拒不执行判决、裁定案

【案件基本信息】

1. 裁判书字号

河北省邢台市临城县人民法院（2021）冀0522刑初16号刑事判决书

2. 案由：拒不执行判决、裁定罪

【基本案情】

被告人腰某林与腰某路相邻关系纠纷一案，临城县人民法院于2017年3月23日作出（2017）冀0522民初3号民事判决书，判令被告人腰某林在判决生效后十日内将堆放在腰某路猪圈内及旁边的沙土、砖土块等杂物予以清除。腰某林不服，提出上诉。邢台市中级人民法院于2017年6月28日作出（2017）冀05民终1536号民事判决书，驳回上诉，维持原判。判决生效后，腰某林未在判决指定的期限内履行义务，腰某路于2017年8月14日向临城县人民法院申请强制执行。临城县人民法院于2017年9月27日向腰某林送达执行通知书，腰某林仍拒不履行生效判决确定的义务。2017年10月23日，临城县人民法院决定对腰某林罚款20000元，2018年10月15日决定对腰某林拘留十五日。被告人腰某林当庭自愿认罪认罚。

【案件焦点】

拒不执行判决裁定罪中行为执行类案件情节严重如何进行司法认定。

【法院裁判要旨】

河北省邢台市临城县人民法院经审理认为：被告人腰某林对人民法院的判决有能力执行而拒不执行，情节严重，其行为已构成拒不履行判决、裁定罪。公诉机关指控的犯罪事实清楚，证据确实、充分，指控罪名成立。被告人腰某林到案后如实供述自己的犯罪事实，属坦白，依法可以从轻处罚，被告人当庭自愿认罪认罚，并主动缴纳罚金，依法可以从宽处理。依照《中华人民共和国刑法》第三百一十三条、第五十二条、第五十三条第一款、第六十七条第三款，《中华人民共和国刑事诉讼法》第二百零一条之规定，作出如下判决：

被告人腰某林犯拒不执行判决、裁定罪，判处罚金人民币2000元。

一审判决后，被告人未提起上诉，检察机关未提起抗诉，该判决已发生法律效力。

【法官后语】

一、行为执行的标的和种类

行为的执行，是指要求被执行人履行人民法院生效判决、裁定确定的作为或者不作为义务。人民法院为了完成对特定行为的执行所采取的强制手段，统称为对行为的执行措施。根据民事诉讼法和《最高人民法院关于适用〈中华人民共和国民事诉讼法〉的解释》的规定，对行为的执行可分为本人实施和可替代实施两种。可替代行为，是指可以由他人替代行为人本人实施的行为。如果被执行人不按人民法院通知履行义务，人民法院可以强制执行，或者委托有关单位或者其他人完成。可替代行为，原则上应当由被执行人自己履行，被执行人拒绝履行的，人民法院执行局可以委托有关单位或者个人代为完成该行为，代为履行的费用由被执行人承担；如果被执行人不自动给付，法院可以就该费用强制执行。不能替代的行为，一般具有较强的人身性。被执行人拒不履行的是不可替代的行为的，《最高人民法院关于人民法院执行工作若干问题的规定（试行）》规定了被执行人拒不履行生效法律文书中指定的行为的，人民法院可以强制其履行。对于只能由被执行人完成的行为，经教育，被执行人仍拒不履行的，人民法院应当按照妨害执行行为的有关规定处理。

本案生效判决要求被执行人将堆放在腰某路猪圈内及旁边的沙土、砖土块等杂物予以清除，即属于履行行为，且属于可替代的行为。

二、“有能力执行”的认定标准

对于行为执行类案件被执行人“有能力执行”的认定标准，理论和实践中讨论得较少，因为该类执行对被执行人的要求并不高，一般争议也不大。对于行为作为型的执行而言，是否具有履行能力，在生效判决、裁定中已经查明并确认（有时隐含在查明的事实当中），判决和裁定书不可能将没有行为履行能力的当事人作为承担义务的主体，这是对审判法官的基本要求，也是司法裁判的一项常识。若被执行人在判决生效后丧失履行能力，应由其自己向执行人员提供证据证明。对于不作为型的执行而言，被执行人只需停止或不再实施某项行为，其显然具有履行能力。

本案中，生效判决要求被执行人将堆放在腰某路猪圈内及旁边的沙土、砖土块等杂物予以清除，在执行过程中即可推断其“有能力执行”，且在本案审理过程中被告人始终没有提出自己无履行能力的辩解，故可认定其属于有能力执行。

三、“情节严重”的判定

实践中有观点认为，对于迁出房屋、退出土地等行为执行类案件，行为人构成拒不执行判决、裁定罪应以执行部门充分履行告知义务，且行为人采取对抗执行的措施为前提。执行义务人在法院通知后，只是消极搬迁或退出而未采取对抗性行为，不宜认定为无法执行的程度。

笔者认为，“致使判决、裁定无法执行”是指被执行人抗拒执行的行为造成人民法院执行机构无法运用法律规定的执行措施，或者虽然运用了法律规定的各种执行措施，但仍无法执行的情形。拒不执行判决、裁定罪所侵犯的法益主要是司法秩序和司法权威，故应当从人民法院执行工作的角度来理解“致使判决、裁定无法执行”。当被执行人抗拒执行的行为导致人民法院执行机构通过法定执行措施无法继续执行或者根本无法运用法定执行措施时，应认定出现了“致使判决、裁定无法执行“的结果，可以追究行为人的刑事责任。

本案中，被告人在人民法院执行局向其送达执行通知书后仍未自动履行，其后人民法院对其采取了罚款的强制措施，被告人仍拒绝履行，后人民法院又对其采取了拘留强制措施，被告人再次拒绝执行。其主观上抗拒执行的故意明显，客观上有能力执行而拒不执行，且在法院对其罚款、拘留后仍拒不执行，导致法院通过法定执行措施无法继续执行，应认定为“致使判决、裁定无法执行”，达到了情节严重的程度，完全符合拒执罪的构成要件。

编写人：河北省邢台市临城县人民法院　张京周

4

离婚的父母对另一方侵害子女时的赔偿请求权及赔偿额

——白某某交通肇事案

【案件基本信息】

1. 裁判书字号

湖南省湘西土家族苗族自治州中级人民法院（2021）湘31刑终105号刑事附带民事裁定书

2. 案由：交通肇事罪

【基本案情】

田某甲与白某某原为夫妻，2018年12月离婚，婚生女田某乙随白某某生活。

2020年8月14日下午，白某某驾驶二轮电动车载田某乙在某通村水泥路上行驶时，因操作不当，驾车冲出道路外翻下道路外坎，造成田某乙死亡（殁年8岁）、白某某受伤、车辆受损的道路交通事故。经龙山县公安局交警大队责任认定，白某某在此事故中负全部责任。白某某自愿认罪认罚，与公诉机关签订认罪认罚具结书。

公诉机关请求追究白某某交通肇事罪刑事责任。

田某甲请求判令白某某赔偿死亡赔偿金、精神损害抚慰金等共计586604元。

【案件焦点】

1. 田某甲诉请判令白某某承担赔偿责任，依法应否支持；2. 白某某是否应向田某甲承担全部赔偿责任。

【法院裁判要旨】

湖南省龙山县人民法院经审理认为：白某某行为已构成交通肇事罪。白某某的犯罪行为给田某甲造成了经济损失，依法应当承担民事赔偿责任。精神损害抚慰金不属于刑事附带民事诉讼范围。田某乙随白某某居住生活时间较长，对田某甲的经济损失依法酌情判处。该院作出（2020）湘3130刑初273号刑事附带民事判决：

一、白某某犯交通肇事罪，判处有期徒刑六个月，缓刑一年；

二、白某某赔偿田某甲经济损失5万元；

三、驳回田某甲的其他诉讼请求。

田某甲上诉提出：原审法院判决白某某赔偿5万元数额明显过低，且没有明确的计算方式。

白某某上诉提出：（1）死者田某乙虽然是田某甲的女儿，但也是白某某的女儿。田某甲不因田某乙死亡而对白某某享有赔偿请求权；（2）田某乙随白某某生活，一审判处白某某赔偿田某甲5万元不当。白某某的辩护人亦提出田某甲不享有赔偿请求权。

湖南省湘西土家族苗族自治州中级人民法院经审理认为：田某甲对田某乙基于父女关系所享有身份属性的权益，不因田某甲与白某某离婚及事发时田某乙的监护人为白某某而丧失，故在田某乙的生命健康权遭受侵害时，田某甲依法享有向侵权人请求侵权赔偿的权利。本案侵权人白某某虽是田某乙的生母，田某甲基于对田某乙的亲权关系，仍具有对白某某提起赔偿请求的权利。侵权行为发生前田某乙随其母白某某生活，白某某作为抚养田某乙的监护人与作为侵权责任人的身份重合。田某甲虽具有向白某某请求赔偿的权利，但白某某对田某乙基于母女关系也享有身份属性的权益。本案责任大小的划分不能简单地按照一般人身损害赔偿原则根据侵权人和被侵权人在事故中的责任大小确定，应综合考虑被侵权人抚养被害人的实际情况等。原审综合考虑上述情形并结合本案实际情况，酌情支持田某甲的赔偿请求，符合法律规定。依照《中华人民共和国刑事诉讼法》第二百三十六条第一款第一项之规定，作出如下裁定：

驳回上诉，维持原判。

【法官后语】

一、父母一方不因为离婚而丧失对婚生子女受到侵害的赔偿请求权

离婚后，子女无论由父或者母亲抚养，仍是父母双方的子女。此规定有两个含义，一是父母抚养未成年子女的义务不因离婚而丧失，如该条第二款同时规定，离婚后，父母对于子女仍有抚养、教育、保护的权利和义务。二是父母对子女的亲权也不因离婚而丧失。父母对子女的亲权不仅仅是探望子女的权利，在未成年子女的人身及财产遭受损害时，父母还可以根据法律的规定以自己的名义对侵权人提起诉讼。

本案中，田某甲与白某某虽然离婚，且婚生子女即被害人田某乙在二人离婚后跟随白某某生活，白某某也以“田某乙由其抚养”为由提出田某甲不具有原告资格。根据上述规定，田某甲与田某乙的父女关系并不因田某甲与白某某离婚而丧失，田某乙的生命健康权遭受侵害时，田某甲作为田某乙的父亲有权向侵权责任人主张权利。当然，本案的特殊性在于，侵权人系田某乙的监护人其母亲白某某，在侵权人与监护人身份竞合时，其他具有赔偿侵请求权利人是否还具有原告资格，也即本案中白某某的抗辩理由是否成立。显然，支持白某某的抗辩理由与法相悖，虽白某某在本案中监护人与侵权人身份竞合，其监护人的身份不能因此对抗其他赔偿请求权利人的原告资格。

二、本类案件不能简单地按照普通侵权来判令侵权人承担赔偿责任

一般而言损失赔偿是根据侵权责任的大小而承担，本案中，田某乙的死亡系白某某交通肇事导致的，根据规定白某某应承担全部的责任。通常情况下，对赔偿请求人应获得的赔偿直接按照损失总额根据人员均分即可。但本案如果简单地减扣白某某一半的份额，直接判决白某某向田某甲赔偿余下一半的损失，则有失公允。第一，白某某虽然负交通肇事的全部责任，但本案系过失犯罪，其并没有伤害或杀害田某乙的故意，其对田某乙的死亡并无主观恶意。第二，白某某与田某甲离婚后，田某乙随白某某生活，事实上在本案事发前白某某对田某乙投入的精力要更多，花费的金钱也相应更多，对于田某乙的死亡其自身也处于悲痛之中。第三，白某某与田某甲均以务农为主兼打零工，经济条件一般，田某乙生前在其就读的学校统一购买了一份人身伤害意外险，责任限额为五万元。综合以上情况，本案的最终判决不是机械简单地进行责任划分，而是综合考量了白某某系过失犯罪、死者田某乙随白某某生活、白某某的经济情况，以及社会普通公众对判决接受等方面，依法酌情判决白某某承担5万元的损失赔偿。

编写人：湖南省湘西土家族苗族自治州中级人民法院　叶明生

5

“套路贷”行为认定及罪名适用

——何某滨、陈某蕊诈骗案

【案件基本信息】

1. 裁判书字号

福建省厦门市中级人民法院（2021）闽02刑终71号刑事裁定书

2. 案由：诈骗罪

【基本案情】

自2015年6月起，被害人张某晨因个人所需，先后多次向王某丰、何某滨等人借款，并多次以其名下几处房产进行抵押贷款。其间，被害人张某晨经被告人何某滨介绍认识赵某，之后张某晨多次向赵某借款。2017年7月31日，张某晨因急于归还赵某70万元欠款，而向被告人何某滨借款80万元。当日，被告人何某滨、陈某蕊以陈某蕊的名义与张某晨在赵某办公室签订借贷协议。同时，双方还签订了一份以“××房产”及“××车位”为标的物的虚假房产买卖协议及80万元的定金收条。后被告人何某滨将上述所签借贷协议、房产买卖协议、定金收条等材料收走，被告人陈某蕊则通过银行转账给张某晨80万元。张某晨收到上述款项后将其中70万元转至赵某账户用于归还欠款，并按照被告人何某滨的要求，将其中8万元作为头息、保证金转至吴其账户。同日，被害人张某晨因要归还其他债务还向被告人何某滨借款3万元，何某滨再次通过陈某蕊银行转账3万元给张某晨。2017年8月，张某晨找何某平帮忙重新抵押其名下房产贷款，部分款项用于偿还其与何某滨之间的债务。何某滨知晓后恶意阻挠。2017年9月10日，被告人陈某蕊就上述房产买卖协议一案向厦门仲裁委员会申请仲裁，请求裁决：(1)解除同张某晨签订的房产买卖协议；(2)张某晨双倍返还定金160万元；(3)张某晨返还购房款3万元；(4)张某晨承担仲裁受理费和处理费等，并申请诉讼保全。2017年9月16日，厦门市中级人民法院作出(2017)闽02财保63号民事裁定书，并于同月25日轮候查封被害人张某晨“××房产”。2017年12月14日，厦门仲裁委员会作出厦仲裁字20170584号裁决书，裁决解除双方房产买卖协议，被害人张某晨双倍返还定金160万元及购房款3万元，并承担仲裁费59800元。2018年5月11日，被告人陈某蕊向厦门市中级人民法院申请执行。厦门市中级人民法院于2018年5月22日立案受理，并于2018年5月23日作出(2018)闽02执390号执行裁定书，裁定冻结、划拨张某晨所有的款项人民币1713500元或者查封、扣押、拍卖、变卖张某晨相应的等值财产。

2018年9月21日，公安机关将被告人何某滨、陈某蕊抓获，并依法扣押手机、银行卡等物品。

【案件焦点】

1. 如何认定被告人与被害人之间签订的房产买卖协议性质；2. 被告人的行为是否属于“套路贷”犯罪行为。

【法院裁判要旨】

福建省厦门市海沧区人民法院经审理认为：被告人何某滨、陈某蕊以非法占有为目的，假借民间借贷之名，利用被害人张某晨急需资金归还赵某借款的迫切心理，诱使张某晨签订“借贷”协议及变相“担保”协议，蓄意制造双方之间存在房产买卖关系的假象，并借助仲裁机构裁决、法院强制执行的虚假诉讼方式意图获取被害人张某晨财产人民币 945122 元，其行为均已构成诈骗罪，数额特别巨大。公诉机关指控的罪名成立。辩护人关于二被告人不构成犯罪的辩护意见，与查明事实不符，本院不予采纳。被告人何某滨、陈某蕊已经着手实行犯罪，由于意志以外的原因而未得逞，系犯罪未遂，依法可以比照既遂犯减轻处罚。本案系共同犯罪。被告人何某滨在共同犯罪中起主要作用，系主犯。被告人陈某蕊在共同犯罪中起次要作用，系从犯，依法应当减轻处罚。

福建省厦门市海沧区人民法院依照《中华人民共和国刑法》第三百零七条之一第一款、第三款，第二百六十六条，第二十三条，第二十五条第一款，第二十六条，第二十七条及第六十四条之规定，作出如下判决：

一、被告人何某滨犯诈骗罪，判处有期徒刑五年，并处罚金人民币 10 万元；

二、被告人陈某蕊犯诈骗罪，判处有期徒刑三年，并处罚金人民币 5 万元；

三、被告人何某滨、陈某蕊为实施诈骗而实际给付被害人张某晨的本金人民币 75 万元，依法予以没收（由被害人张某晨退交）；

四、扣押在案的作案工具平安银行卡二张，依法予以没收；小米手机一部依法发还被告人何某滨、苹果手机一部依法发还被告人陈某蕊。

被告人何某滨、陈某蕊不服一审判决，提起上诉。福建省厦门市中级人民法院经审理同意一审法院的裁判意见，并依照《中华人民共和国刑事诉讼法》第二百三十六条第一款第一项之规定，作出如下裁定：

驳回上诉，维持原判。

【法官后语】

本案系“套路贷”典型案例，主要涉及如何对“套路贷”犯罪行为进行认定的问题，案件审理思路对于解决“套路贷”案件具有参考意义。本案的特殊之处在于被告人否认与被害人之间存在民间借贷关系，而是房产买卖关系，并以被害人未按时过户构成违约为由申请仲裁及法院强制执行，要求双倍返还购房定金。本案涉及刑民交叉问题，审理过程中对行为如何定性存在较大分歧，主要争议焦点是：（1）如何认定双方之间签订的房产买卖协议；（2）被告人的行为是否属于“套路贷”犯罪行为。第一种观点认为，被告人行为属于“当事人以订立买卖合同作为民间借贷合同的担保”的情形，是民事纠纷，不构成犯罪。第二种观点则认为，双方不存在真实的房屋买卖关系，也并非民事纠纷，被告人蓄意制造房产买卖关系的假象，利用“定金罚则”意图非法占有被害人财产，其行为属于“套路贷”犯罪行为。

笔者持第二种观点。实践中，“套路贷”行为人往往假借民间借贷形式，恶意制造违约，借助诉讼手段，掩盖其非法占有他人财产的目的。本案审理过程中，笔者认为应透过现象看本质，结合“套路贷”的特征，审查双方所签订协议的性质、被告人是否恶意制造违约等因素综合判断被告人是否具有非法占有目的，以此认定行为是否构成“套路贷”。案件审理中，主要对以下三个问题逐步进行分析认定。

1. 双方所签协议的性质分析

被告人辩称双方为真实的房产买卖协议，即使双方就同一笔款项同时签订借贷协议和房产买卖协议，也说明张某晨同意在其无法还款时就履行房产买卖协议。承办人综合在案证据，从双方不存在购房的合意、被害人目的在于借款、被告人无购房资格和条件、房产不具有可履行性等事实角度分析认定房产买卖协议的形式真实但实质虚假，不属于“当事人以订立买卖合同作为民间借贷合同的担保”的情形，被告人蓄意制造房产买卖关系假象，双方之间不存在真实的房产买卖协议。

2. 是否具有非法占有目的分析

是否具有非法占有目的是“套路贷”与民间借贷的本质区别。民间借贷的出借人的目的是收回本金并获取利息，不希望借款人违约。而“套路贷”行为具有非法占有的目的，在签订、履行协议过程中恶意制造违约形成虚假债权债务。本案中，被告人与被害人同时签订借条与房产买卖协议，后收走借条，将转账款项包装成购房定金，明知房产不具有交付的可能性，恶意制造违约陷阱，借助申请仲裁及法院强制执行手段，达到获取双倍定金的目的。被告人从签订协议到申请法院强制执行，其实施环环相扣的一系列行为，其本质目的在于非法占有他人财产，符合“套路贷”的定义。

3. 被告人行为的罪名适用分析

本案审理中，对于罪名适用存在分歧。第一种观点认为，被害人明知签订房屋买卖协议、订立定金罚则的行为性质及法律后果仍同意签订协议，并未陷入错误认识并基于此错误认识处分财产，诈骗因果要件不具备，但被告人将仲裁和诉讼作为非法获利的手段，妨害司法秩序，构成虚假诉讼罪；第二种观点则认为，被告人构成诈骗罪。笔者持第二种观点。在实施“套路贷”过程中往往多种手段并用，涉及诈骗、虚假诉讼等多种罪名，应当根据具体案件事实，依法数罪并罚或者择一重处。本案中，被告人以非法占有为目的，以虚假诉讼为手段，利用“定金罚则”意图非法获取他人财产，根据《中华人民共和国刑法》第三百零七条之一第三款及《最高人民法院、最高人民检察院、公安部、司法部关于办理“套路贷”刑事案件若干问题的意见》第四条之规定，本案应认定为诈骗罪。

编写人：福建省厦门市海沧区人民法院　卢建斌　尹志泉

6

为诈骗分子提供银行卡行为的罪名适用

——孔某炮诈骗案

【案件基本信息】

1. 裁判书字号

福建省厦门市中级人民法院（2021）闽02刑终337号刑事裁定书

2. 案由：诈骗罪

【基本案情】

2020年2月，被告人孔某炮明知“阿静”（另案处理）实施电信网络诈骗活动，仍提供陈某坚、刘某军、孔某华的银行账户给“阿静”用于接收被害人王某冰等诈骗款共计人民币95734.2元，并在收到款项后再通过微信转账的方式转账到“阿静”指定的账户，从中获利。

2020年3月30日，公安机关抓获被告人孔某炮，并缴获手机一部、孔某炮个人银行卡两张。归案后，被告人孔某炮如实供述上述犯罪事实，但在庭审中辩称其在侦查阶段、审查起诉阶段所作的有罪供述系诱供，对其主观上明知“阿静”实施诈骗犯罪行为、所接收款项为诈骗款的主要犯罪事实予以否认。现扣押在案的手机及银行卡已随案移送。

【案件焦点】

被告人的行为构成诈骗罪还是帮助信息网络犯罪活动罪。

【法院裁判要旨】

福建省厦门市海沧区人民法院经审理认为：被告人孔某炮明知他人实施诈

骗犯罪，仍提供银行卡给他人使用，并帮忙转移犯罪所得，数额共计人民币95734.2元，其行为符合《最高人民法院、最高人民检察院关于办理诈骗刑事案件具体应用法律若干问题的解释》第七条“明知他人实施诈骗犯罪，为其提供信用卡、手机卡、通讯工具、通讯传输通道、网络技术支持、费用结算等帮助的，以共同犯罪论处”之规定，构成诈骗罪，系诈骗罪的共犯。被告人孔某炮在共同犯罪中起辅助作用，依法应认定为从犯。

福建省厦门市海沧区人民法院依照《中华人民共和国刑法》第二百六十六条、第二十五条第一款、第二十七条、第六十四条及《最高人民法院、最高人民检察院关于办理诈骗刑事案件具体应用法律若干问题的解释》第七条之规定，作出如下判决：

一、被告人孔某炮犯诈骗罪，判处有期徒刑二年十个月，并处罚金人民币2万元；

二、责令被告人孔某炮与同案犯共同退赔被害人王某冰经济损失人民币40000元、被害人覃某苇经济损失人民币8000.1元、被害人文某超经济损失人民币27500元、被害人王某婷经济损失人民币4000.1元、被害人黄某龙经济损失人民币11234元、被害人向安某经济损失人民币5000元；

三、扣押在案的作案工具手机一部，依法予以没收；银行卡两张，依法发还被告人孔某炮。

一审判决后，被告人提起上诉。

福建省厦门市中级人民法院经审理认为：上诉人孔某炮明知他人实施电信网络诈骗，仍提供银行卡给他人使用，并帮忙转移赃款，金额共计人民币95734.2元，其行为已构成诈骗罪。本案系共同犯罪。上诉人孔某炮在共同犯罪中起次要作用，系从犯，依法应当减轻处罚。原判在量刑时已经充分考虑上诉人孔某炮具体的犯罪性质、量刑情节及其行为的社会危害程度，所作量刑结果并无不当。

综上，原判认定事实和适用法律正确，量刑适当，审判程序合法。据此，依照《中华人民共和国刑事诉讼法》第二百三十六条第一款第一项之规定，作出如下裁定：

驳回上诉，维持原判。

【法官后语】

为有效遏制不断蔓延的网络犯罪，更为准确、有效地打击各种网络犯罪帮助行为，《中华人民共和国刑法修正案（九）》增设了帮助信息网络犯罪活动罪。近年来，司法实践中对于网络犯罪帮助行为的具体适用存在不同观点，特别是向电信诈骗等网络犯罪提供手机卡、银行卡的“两卡”案件，常常出现与诈骗罪帮助犯区分的争议，二者在适用上存在较多重叠，如在客观方面都实施了帮助行为，从而导致司法实践中的适用分歧。

本案具有典型性，主要争议焦点即在于：行为人为诈骗分子提供银行卡的行为构成帮助信息网络犯罪活动罪还是诈骗罪？案件审理中，控辩双方争议较大，主要围绕行为人主观上是否明知犯罪分子实施的是电信网络诈骗。尽管两罪在客观行为方面存在重叠，但二者的刑罚轻重存在巨大差别。行为人主观明知的程度及内容是区分两罪的重要标准，但这往往也是审理此类案件的难点所在。在缺乏客观证据情况下，过于依赖被告人的供述，在无法认定诈骗罪共犯时，往往以帮助信息网络犯罪活动罪作为兜底罪名。

辨明帮助信息网络犯罪活动罪与诈骗罪帮助犯的区别有利于准确认定罪名，二者的主要区别在于：

1. 侵犯的客体不同。前者行为附属于信息网络犯罪行为，但侵犯的法益具有独立性，属于扰乱公共秩序犯罪。后者属于侵财类犯罪，侵犯的是公私财产所有权。

2. 客观方面不同。帮助信息网络犯罪活动罪限制适用于提供互联网接入、服务器托管、支付结算等特定帮助行为，而对于一般性帮助行为，如提供场所、资金支持，以及其他未达到技术支持的严重性和决定性程度的行为，则更宜认定为电信诈骗犯罪的共犯。

3. 主观明知不同。前者为明知他人利用信息网络实施犯罪，后者则要求行为人主观上明知他人实施的具体犯罪活动是电信网络诈骗犯罪，明知的程度和内容要求不同。

本案中，被告人孔某炮提供银行卡给他人使用，甚至帮忙转移犯罪所得，虽然被告人否认其明知他人实施电信诈骗，但结合被告人之前一直稳定的供述、采取规避调查的行为方式、获利情况等，可以证明其主观上明知他人实施电信网络诈骗犯罪，据此认定被告人系诈骗罪的共犯，并非帮助信息网络犯罪活动罪。

编写人：福建省厦门市海沧区人民法院　卢建斌　尹志泉

7

刑事案件中如何认定“套路贷”

——鲍某江诈骗案

【案件基本信息】

1. 裁判书字号

青海省海东市中级人民法院（2021）青02刑终12号刑事裁定书

2. 案由：诈骗罪

【基本案情】

2017年6月至7月，被告人鲍某江假借民间借贷之名，以妻子张某花的名义先后向被害人邓某清、赵某、钟某道、马某萍、赵某兰放贷。其利用被害人急需用钱的心理，通过收取“调查费”“介绍费”“砍头息”等多种费用，以虚增贷款金额，制造虚假给付痕迹等多种方式设置“套路”形成虚假债权债务关系，后借助诉讼手段占有他人财物，从事“套路贷”犯罪活动，造成了较为恶劣的社会影响。具体事实如下：

1. 2017年6月14日，在饭馆内，被告人鲍某江以妻子张某花的名义与被害人邓某清签订了一份人民币10万元的借款协议，由被害人马某萍作为担保人。协议签订之前邓某清、马某萍已向鲍某江支付调查费、介绍费共计0.7万元。后鲍某江通过银行转账及现金方式分两次给邓某清放款，邓某清取现后向鲍某江支付全额利息1.8万元，邓某清实际到手7.5万元。后因邓某清未按时还款，鲍某江以张某花的名义提起民事诉讼、申请强制执行，从邓某清、马某萍处获得12.35万元，其中利息为2.2万元。

2. 2017年6月18日，在饭馆内，被告人鲍某江以妻子张某花的名义与被害人赵某签订一份人民币12万元的借款协议，由被害人马某萍的同事薛某伟作为担保人。协议签订之前赵某及其岳母马某萍已向鲍某江支付调查费、介绍费共计0.7万元。后鲍某江通过银行转账方式分两次向赵某放款，赵某取现后向鲍某江支付全额利息2万元，赵某实际到手9.3万元。后因赵某未按时还款，鲍某江以张某花的名义提起民事诉讼、申请强制执行，从赵某处获得15.3万元，其中利息为2.8万元。

3. 2017年6月底，被告人鲍某江以妻子张某花的名义与被害人钟某道签订一份人民币5万元的借款协议。后鲍某江委托李某华通过现金、银行转账方式向钟某道放款，钟某道取现后向鲍某江支付全额利息0.6万元，钟某道实际到手4.4万元。后因钟某道未按时还款，鲍某江以张某花名义提起民事诉讼及申请强制执行要求钟某道偿还6.022667万元，其中利息1.022667万元。2019年6月4日张某花向平安区人民法院申请撤回强制执行。

4. 2017年6月26日，在饭馆内，被告人鲍某江以妻子张某花的名义与被害人马某萍签订一份人民币10万元的借款协议，由喇某梅作为担保人。协议签订之前马某萍、喇某梅已向鲍某江支付调查费、介绍费共计0.7万元。次日鲍某江委托李某华将5万元存入马某萍账户，马某萍取现后给鲍某江支付全额利息0.9万元，剩余5万元鲍某江以现金方式给付，马某萍实际到手8.4万元。借款期满后，经鲍某江要求，喇某梅向鲍某江还款5万元。因马某萍未按时还款，鲍某江以张某花名义提起民事诉讼，隐瞒喇某梅已还一半借款的事实，要求马某萍偿还共计11.9万元的本息及律师费。后经马某萍上诉后，海东市中级人民法院作出马某萍偿还本息5.8万元的终审判决。2019年4月9日张某花向平安区人民法院申请强制执行要求马某萍偿还5.8万元，其中利息0.8万元。同年6月5日张某花申请撤回强制执行。

5.2017年7月29日，在饭馆内，被告人鲍某江以妻子张某花的名义与被害人赵某兰签订一份人民币10万元的借款协议，由马某萍作为担保人。当日鲍某江将5万元现金付给赵某兰，赵某兰向鲍某江支付全额利息0.9万元，调查费、介绍费0.7万元共计1.6万元，后鲍某江未向赵某兰给付剩余5万元，赵某兰实际到手3.4万元。后因赵某兰未按时还款，鲍某江以张某花名义提起民事诉讼、申请强制执行，要求赵某兰偿还6.6万元，其中利息1.1万元，律师代理费0.5万元。2018年11月11日张某花申请撤回强制执行。

【案件焦点】

1. 被告人鲍某江的行为是否属于“套路贷”；2. 若构成“套路贷”犯罪，诈骗数额应如何认定。

【法院裁判要旨】

青海省民和回族土族自治县人民法院经审理认为：被告人鲍某江作为一名知晓法律的司法工作者，以非法占有为目的，通过提前收取调查费、服务费、利息、签订虚高借款协议、制造银行流水方式虚增债务金额，隐瞒被害人还款事实，诈骗他人财物达17.422667万元，数额巨大，其行为构成诈骗罪，其中诈骗10.2万元犯罪既遂，7.222667万元由于意志以外原因未得逞，系犯罪未遂，依法可比照既遂犯从轻、减轻处罚。公诉机关指控被告人鲍某江的犯罪事实及罪名成立，本院予以支持。但公诉机关指控的第三笔事实中被害人钟某道实际到手为4.4万元一节，经查，本案虽经法院审判并判决确定被害人钟某道收到借款5万元，但被害人钟某道认可收到转款3万元，始终否认收到剩余现金2万元，本案证人张某花、鲍某财、李某华的证言及被告人鲍某江的供述均不相一致，不能相互印证，无法形成证据链条，在案证据无法证实被告人鲍某江支付了剩余的2万元，故认定被害人钟某道实际到手2.4万元。对被告人鲍某江实施诈骗犯罪的资金依法予以没收，被告人退赔各被害人经济损失，对被害人尚未归还被告人的资金予以追缴。遂作出如下判决：

一、被告人鲍某江犯诈骗罪，判处有期徒刑四年六个月，并处罚金人民币5万元；

二、对被告人鲍某江实施诈骗犯罪使用的资金共计21.8万元予以没收；

三、责令被告人鲍某江退赔被害人经济损失共计10.2万元，其中退赔被害人邓某清、马某萍4.7万元、被害人赵某5.5万元；对被害人尚未归还被告人的资金共计9.2万元予以追缴，其中被害人钟某道2.4万元、被害人马某萍3.4万元、被害人赵某兰3.4万元。

鲍某江不服一审判决，提起上诉。

青海省海东市中级人民法院经审理认为：上诉人鲍某江作为律师，以非法占有为目的，通过提前收取调查费、服务费、利息、签订虚高借款协议、制造银行流水方式虚增债务金额，隐瞒被害人还款事实，诈骗他人财物达17.422667万元，数额巨大，其行为构成诈骗罪，其中诈骗10.2万元犯罪既遂，7.222667万元由于意志以外原因未得逞，系犯罪未遂，依法可比照既遂犯从轻、减轻处罚。原判认定的事实清楚，证据确实充分，定罪及适用法律正确，量刑适当，审判程序合法。上诉人及辩护人认为事实不清，证据不足，适用法律错误及宣告无罪的诉辩理由与查明事实不符，不予采纳。青海省海东市人民检察院关于驳回上诉，维持原判的出庭意见成立，予以支持。依照《中华人民共和国刑事诉讼法》第二百三十六条第一款第一项之规定，作出如下裁定：

驳回上诉，维持原判。

【法官后语】

本案与一般诈骗犯罪案件有所不同，被告人鲍某江的行为性质如何定性将是本案的关键。本案被告人鲍某江的行为看似是普通民间借贷行为，但其除具有为了到期按照协议约定的内容收回本金并获取利息的目的外，还具有非法占有他人提前支付的利息及调查费、服务费的目的，其放贷行为已超出普通民间借贷的范围，应以"套路贷"认定其行为性质。在此类案件中，对被告人鲍某江判处刑罚可以充分体现人民法院打击"套路贷"违法犯罪行为的态度和决心，有效震慑潜在不法分子，规范日常民间借贷行为。

本案涉及如何判断被告人鲍某江是否构成“套路贷”诈骗的问题，以及诈骗数额认定问题。

第一，根据《最高人民法院、最高人民检察院、公安部、司法部关于办理“套路贷”刑事案件若干问题的意见》的规定，“套路贷”是对以非法占有为目的，假借民间借贷之名，诱使或迫使被害人签订“借贷”或变相“借贷”“抵押”“担保”等相关协议，通过虚增借贷金额、恶意制造违约、肆意认定违约、毁匿还款证据等方式形成虚假债权债务，并借助诉讼、仲裁、公证或者采用暴力、威胁以及其他手段非法占有被害人财物的相关违法犯罪活动的概括性称谓。

“套路贷”与平等主体之间基于意思自治而形成的民事借贷关系存在本质区别，民间借贷的出借人是为了到期按照协议约定的内容收回本金并获取利息，不具有非法占有他人财物的目的，也不会在签订、履行借贷协议过程中实施虚增借贷金额、制造虚假给付痕迹、恶意制造违约、肆意认定违约、毁匿还款证据等行为。

本案中被告人鲍某江通过收取“调查费”“介绍费”“砍头息”等多种费用，以虚增贷款金额，制造虚假给付痕迹等多种方式设置“套路”形成虚假债权债务关系，后借助诉讼手段占有他人财物，主观上具有非法占有目的，符合“套路贷”特征。

第二，根据《最高人民法院、最高人民检察院、公安部、司法部关于办理“套路贷”刑事案件若干问题的意见》的规定，在认定“套路贷”犯罪数额时，应当与民间借贷相区别，从整体上予以否定性评价，“虚高债务”和以“利息”“保证金”“中介费”“服务费”“违约金”等名目被犯罪嫌疑人、被告人非法占有的财物，均应计入犯罪数额。犯罪嫌疑人、被告人实际给付被害人的本金数额，不计入犯罪数额。

本案中，被告人鲍某江获取的利息、调查费、介绍费等均系违法所得的性质，应计入犯罪数额。

根据上述意见，犯罪嫌疑人、被告人实施“套路贷”违法所得的一切财物，应当予以追缴或者责令退赔；对被害人的合法财产，应当及时返还。有证据证明是犯罪嫌疑人、被告人为实施“套路贷”而交付给被害人的本金，赔偿被害人损失后如有剩余，应依法予以没收。

本案中，被告人鲍某江交付给被害人的本金，应当认定为其实施诈骗犯罪的作案工具，应依法予以没收。

编写人：青海省民和回族土族自治县人民法院　杨凯

8

侵犯公民个人信息犯罪公益诉讼中“损害社会公共利益”的行为认定

——耿某伟、吴某侵犯公民个人信息案

【案件基本信息】

1. 裁判书字号

江西省高安市人民法院（2021）赣0983刑初821号刑事判决书

2. 案由：侵犯公民个人信息罪

【基本案情】

被告人耿某伟、吴某分别在2015年、2019年至2021年7月担任营业公司某营业厅的营业员，负责办理开户、更改套餐等移动业务。两人分别在为客户办理业务的过程中，未经客户许可，通过将客户实名手机号码和验证码发送到微信拉新群聊，以每套手机号码、验证码6-7元的价格获取非法利润。2020年9月至案发，耿某伟违法所得合计约11702元。2020年5月至案发，吴某违法所得合计8070元。2021年7月21日，耿某伟、吴某将违法所得全部上缴。

2021年12月7日，公诉机关高安市人民检察院以被告人耿某伟、吴某侵犯公民个人信息罪向高安市人民法院提起公诉。同日，该院又以被告人耿某伟、吴某为谋取私利，私自将客户个人信息出售给他人的行为，侵害了不特定多数人的公民个人信息，损害了社会公共利益为由向高安市人民法院提起附带民事公益诉讼，请求依法判令：（1）被告人耿某伟支付赔偿金 11702 元，被告人吴某支付赔偿金 8070 元；（2）在市级以上媒体公开赔礼道歉。

【案件焦点】

侵犯公民个人信息犯罪中，行为人为谋取私利，私自出售掌握的客户个人信息的行为，在侵犯特定主体公民个人信息的同时，对其他社会不特定主体仅仅造成“损害危险”的，能否认定为损害了社会公共利益并据此提起刑事附带民事公益诉讼。

【法院裁判要旨】

江西省高安市人民法院经审理认为：被告人耿某伟、吴某违反国家有关规定，将在提供服务过程中获得的公民个人信息向他人出售，从中牟利，情节严重，其行为已构成侵犯公民个人信息罪。公诉机关指控的犯罪事实和罪名成立。被告人耿某伟、吴某到案后如实供述了自己的犯罪事实，属坦白，且其愿意接受处罚，对其可以从轻处罚。被告人耿某伟、吴某退缴了违法所得，对其可酌情从轻处罚。被告人耿某伟、吴某的犯罪行为致使众多公民的个人信息被泄露传播，侵害了不特定多数人的公民个人信息，损害了社会公共利益，依法应当承担民事侵权责任，附带民事公益诉讼起诉人提出的诉讼请求依法有据，本院予以支持。人民法院作出如下判决：

一、被告人耿某伟犯侵犯公民个人信息罪，判处有期徒刑一年，缓刑一年，并处罚金人民币 12000 元；

二、被告人吴某犯侵犯公民个人信息罪，判处有期徒刑八个月，缓刑一年，并处罚金人民币 8100 元；

三、追缴被告人耿某伟的违法所得人民币 11702 元、被告人吴某的违法所得人民币 8070 元上缴国库；

四、由被告人耿某伟赔偿公共利益损失人民币11702元、被告人吴某赔偿公共利益损失人民币8070元；

五、限被告人耿某伟、吴某在判决生效后十日内就侵犯公民个人信息的行为在市级以上新闻媒体上向社会公众公开赔礼道歉；

六、对随案移送的被告人耿某伟一部手机、被告人吴某一部灰黑色手机予以没收，上缴国库。

一审宣判后，二被告均未提起上诉，检察机关未提起抗诉，该判决已发生法律效力。

【法官后语】

本案在审理过程中存在两种分歧意见：第一种观点认为，不宜将对达到一定数量规模的特定公民主体个人信息的侵犯，等同于侵犯了社会不特定主体的利益；第二种观点认为，在侵犯特定主体公民个人信息的同时，对其他社会不特定主体造成"损害危险"的，也属于侵犯社会公共利益的范畴。本案采用了第二种观点。

一、公民个人信息具备公共利益的属性

个人信息具有不可磨灭的私权性，[①] 但在现代社会中其作为数字经济时代的重要社会资源，是政府实现现代化社会治理的重要手段，同时也事关公共安全和国家大数据安全，存在普遍性和易受害性。因此，公民个人信息本身就具有公共利益属性，[②] 不仅会影响到该公民自身的信息安全，而且还会对公共利益，甚至对国家安全产生一定的影响。此外，在大数据互联网飞速发展的时代，公民个人信息主要通过网络传播，传播速度快，范围广，被侵害的公民个人信息被加工、整合、分析、利用，通常遭受多次非法买卖和使用，还包括尚未受到侵害的潜在受害者，是众多不特定人的利益，也是公共利益的本质体现。

---

① 韩强：《〈个人信息保护法〉同样具有公法色彩》，载《社会科学报》2021年9月16日，第4版。

② 崔恒春：《个人信息保护检察公益诉讼的问题透视》，载正义网，http：//www.jcrb.com/xueshupd/yw/202203/t20220303_ 2372942.html，2022年3月19日访问。

二、对公益诉讼中"损害社会公共利益"进行合理扩张解释

民事侵权责任以损害为构成要件，但绝不能把损害等同于"现实的损害"。损害不仅包括"现实的损害"，还包括"损害的危险"。如果把损害等同于"现实的损害"，要求侵权行为造成既有的损害后果才能承担侵权责任，这与法律规定承担民事责任"停止侵害""排除妨害""消除危险"等方式相互矛盾。因此，将民事公益诉讼中对"损害社会公共利益"解释为包括"损害危险"属于合理的扩大解释。对于公民个人信息保护公益诉讼来说，信息泄露具有不可逆转性，因个人信息被非法获取或侵犯，所造成的损害后果无法消解，即难以通过一种司法途径来修复因侵犯公民个人信息而带来的公益损害。这亦是公民个人信息公益诉讼与环境公益诉讼、消费公益诉讼、英烈保护公益诉讼不同之处[①]。因此，可能发生侵害危险也应认为已达到公益诉讼的起诉条件。

三、侵犯公民个人信息犯罪中对社会公共利益造成"损害危险"应该具备几个要件

（一）有用性

公民个人信息只有具有某种内在价值同时为社会公众所需要，[②] 才会对公共利益造成较大潜在危害。错误、虚假的信息本身不具有社会价值，不能被社会公众所需要、所信任，也就无法对公众利益造成威胁。本案中，被告人耿某伟、吴某提供的是客户实名手机号码和验证码，是真实的、正确的、有用的信息。这些有用的信息如果被非法利用，用于对社会不特定民众实施电信诈骗、敲诈勒索等违法犯罪行为，会对社会不特定的民众权益造成不法侵害威胁。

（二）时效性

某些信息具有很强的时效性，经过一定期限后可能完全不具有内在价值，也就无法被二次利用，无法对社会公众利益产生威胁。本案中，被告人耿某伟、吴某提供的客户实名手机号码和验证码，验证码时效性较短，很难被二次利用，

---

① 程光：《公民个人信息保护公益诉讼的架构》，载《人民检察》2021 年第 10 期。

② 孙传玺、崔雪：《侵犯公民个人信息刑事附带民事公益诉讼案件难点破解》，载《中国检察官》2020 年 14 期。

但是实名手机号码则时效较长，随时可能被二次利用，随时能对社会公民利益产生威胁，且这种威胁并未随着被告人的到案而结束。

（三）规模性

社会公共利益是指社会中不特定的多数人的利益，如果案件中涉及的个人信息规模较小，则可能只涉及私益的侵害。本案中，被告人耿某伟、吴某出售的客户实名手机号码和验证码超过两千余条，达到一定规模，且通过对这些信息的分析、利用，可以对更多的不特定的社会群体权益造成潜在威胁，也就满足了“社会不特定的多数人”的公益特征。

综上，就本案案情及证据来看，被告人耿某伟、吴某身为移动营业厅工作人员，将工作中获得的公民个人手机号码、验证码进行非法售卖获利，且数量较大。这些被出售的手机号码、验证码随时可能二次被人利用，成为电信诈骗、敲诈勒索等违法犯罪行为的便捷工具，社会不特定主体的利益一直处于被侵害的“危险”之中，检察机关据此提请刑事附带民事公益诉讼的，于法有据，人民法院应予支持。

编写人：江西省高安市人民法院　熊新宽
江西省宜春市中级人民法院　蒋玲玲

9

寻衅滋事与故意毁坏财物的认定

——尹某娟故意毁坏财物案

【案件基本信息】

1. 裁判书字号

山东省东营市中级人民法院（2021）鲁05刑终112号刑事附带民事裁定书

2. 案由：故意毁坏财物罪

【基本案情】

2019年8月20日晚，赵某某在被告人尹某某位于某小区×号楼×单元××室的家中留宿。次日上午，被告人尹某某回家发现家中房门被反锁，找开锁公司将房门打开后，发现躲在房屋外露台的赵某某。后，被告人尹某某通过某小区监控发现赵某某与其丈夫郑某光进出楼宇电梯并举止亲密。被告人尹某某遂认为赵某某与郑某光有不正当关系，并让苏某某、董某娇跟踪赵某某帮助寻找相关证据。

同年10月11日晚，被告人尹某某、苏某某等在赵某某居住的某小区电梯里、赵某某工作的银行东营分行院内的车辆上，张贴、散发载有“赵某某，银行客户经理，在他人婚姻存续期间，长期与有妇之夫保持不正当关系，并厚颜无耻地住在原配家，被原配当场抓包”等内容以及赵某某与郑某光在电梯内举止亲密照片的单页。

同年10月12日13时许，被告人苏某某驾驶鲁EF××××白色奥迪、董某娇驾驶鲁E7××××白色宝马轿车跟踪赵某某驾驶的鲁E5××××奥迪轿车，在某路被告人尹某某驾驶鲁E8××××白色宝马轿车将赵某某驾驶的鲁E5××××奥迪轿车拦停，尹某某下车击打赵某某所驾车辆的车窗玻璃，赵某某择机驾车驶离，后进入加油站。其后，被告人尹某某驾驶车辆进入加油站，发现停驶在加油站的赵某某的车辆，先后三次撞击赵某某所驾车辆驾驶室一侧的位置。其间，被告人苏某某驾驶车辆从加油站出口处进入加油站内东侧并下车。撞击车辆后，被告人尹某某下车进入赵某某所驾车辆副驾驶室，与赵某某在车内发生撕扯。经公安机关现场勘验，在尹某某所驾驶车辆内发现载有赵某某与他人有不正当关系等内容的单页，以及写有“赵某某破坏他人家庭”的白色横幅一条。

【案件焦点】

寻衅滋事与故意毁坏财物的认定。

【法院裁判要旨】

山东省东营市经济技术开发区人民法院经审理认为：关于对被告人尹某某行为的定性。公诉机关指控被告人尹某某构成寻衅滋事罪。本院认为，寻衅滋事系为寻求刺激、发泄情绪、逞强耍横等，无事生非，或因偶发矛盾借故生非，实施寻衅滋事的行为。本案系因婚恋、家庭纠纷而引发，根据审理查明的事实，被告人尹某某因发现赵某某在其家中留宿以及赵某某与其丈夫进出小区楼宇电梯内举止亲密，遂认为赵某某与其丈夫存在不正当关系，为寻找相关证据，实施了让苏某某等帮助跟踪赵某某的行为，以及在赵某某居住的小区、工作单位院内的车辆上张贴单页、尹某某在路上驾车拦停赵某某车辆以及在加油站撞击赵某某车辆的行为。婚姻家庭受国家保护，被告人尹某某实施上述行为，系事出有因，主观上并没有无事生非、寻衅滋事的动机，不应认定为寻衅滋事罪。被告人尹某某故意毁坏他人财物的行为，侵犯了公民的财产所有权，构成故意毁坏财物罪。

关于公诉机关指控被告人苏某某构成寻衅滋事罪。本案中，被告人苏某某为帮助尹某某寻找其丈夫与赵某某存在不正当关系的证据而实施的跟踪赵某某、在赵某某居住的小区、工作单位院内的车辆上张贴单页的行为，尚达不到用刑法进行评价的程度，且赵某某已经要求公安机关对张贴单页的行为终止调查。被告人尹某某实施撞击赵某某车辆的行为，系尹某某的个人行为，在案证据不足以证实尹某某实施该行为前与苏某某进行了犯意的联络，也不足以证实苏某某主观上具有犯罪的故意、客观上实施了犯罪行为。故，指控被告人苏某某犯寻衅滋事罪，证据不足，法院不予支持。

山东省东营市经济技术开发区人民法院依照《中华人民共和国刑法》第二百七十五条、第七十二条第一款，《最高人民法院关于适用〈中华人民共和国刑事诉讼法〉的解释》第一百九十二条第一款和第二款、第二百零一条，《中华人民共和国民事诉讼法》第六十四条第一款之规定，作出如下判决：

一、被告人尹某某犯故意毁坏财物罪，判处有期徒刑六个月，缓刑一年（缓刑考验期从判决确定之日起计算）；

二、被告人苏某某无罪；

三、被告人尹某某于本判决生效后十日内赔偿附带民事诉讼原告人赵某某车辆损失、医疗费、误工费、交通费共计48617.17元；

四、驳回附带民事诉讼原告人赵某某的其他诉讼请求。

本案宣判后，尹某某不服提起上诉，公诉机关提起抗诉。

山东省东营市中级人民法院经审理认为：上诉人尹某某故意毁坏他人财物，数额较大，其行为构成故意毁坏财物罪。尹某某因其犯罪行为给原审附带民事诉讼原告人赵某某造成的经济损失应予赔偿。原判认定的事实清楚，证据确实、充分，定罪准确，量刑适当，审判程序合法。依照《中华人民共和国刑事诉讼法》第二百三十六条第一款第一项之规定，作出如下裁定：

驳回抗诉、上诉，维持原判。

【法官后语】

《最高人民法院、最高人民检察院关于办理寻衅滋事刑事案件适用法律若干问题的解释》（以下简称《解释》）第一条对寻衅滋事的认定进行了明确。其中，第一款规定了“无事生非型”寻衅滋事，即行为人为寻求刺激、发泄情绪、逞强耍横等，无事生非；第二款规定了“小题大做型”寻衅滋事，即行为人因日常生活中的偶发矛盾纠纷，借故生非，但矛盾系由被害人故意引发或者被害人对矛盾激化负有主要责任的除外。本案中，尹某某发现赵某某在其家中留宿、多次在夜晚或凌晨与丈夫郑某光同进同出，且行为举止亲密，尹某某认为赵某某与郑某光存在婚外男女关系。尹某某让苏某某等帮助跟踪赵某某并寻找赵某某与郑某光有婚外不正当男女关系的证据，张贴、散发不利于赵某某名声的单页。案发当日，尹某某让苏某某、董某姣驾车跟踪赵某某，本人驾车拦停赵某某车辆，在赵某某驾车逃离后，追至加油站并驾车撞击赵某某车辆，从而导致本案的发生。从起因看，本案由婚外恋、家庭纠纷引发。婚姻家庭受法律保护。尹某某面对婚外恋、感情纠纷未能冷静理智处理，上述行为方式虽有不当之处，但系事出有因，不是无事生非，也并非小题大做、借题发挥，主观上没有寻衅滋事的故意。

抗诉及出庭意见认为，尹某某在加油站驾车撞击赵某某车辆的行为，属于“任意损毁公私财物，情节严重”。但《中华人民共和国刑法》第二百九十三条第一款第三项规定的任意损毁、占用公私财物其主观动机是通过任意损毁财物发泄不满、寻求刺激，不仅有为了将财物损毁，还有为了寻求精神上的刺激，达到破坏社会秩序的效果。客观行为方面具有任意性，主要表现为损害对象的选择具有任意性，侵害对象一般是不特定的。尹某某实施的驾车撞击赵某某车辆致车辆受损的行为，系事出有因，并无寻求精神上的刺激和破坏社会秩序的主观动机，侵害的对象亦是特定的，不符合任意损毁型寻衅滋事罪的行为特征。

苏某某组建的微信群聊天记录证实，2019年10月2日之前，为寻找赵某某与郑某光有婚外不正当男女关系的证据，尹某某、苏某某等在微信群内商议，并查找、跟踪赵某某车辆，但10月2日之后微信群内再无相关聊天记录，能够证实尹某某、苏某某等于案发当天未在微信群内进行商议。证人董某姣、张浩的证言及尹某某、苏某某的供述仅能证实案发当天，尹某某让苏某某、董某姣跟踪赵某某车辆，不能证实尹某某拦停赵某某车辆并撞击是有预谋、有组织、有计划地实施。苏某某供述和监控录像证实案发当天实施了跟踪赵某某车辆的行为，从录像看没有参与别停赵某某车辆，而是在尹某某别停赵某某车辆后才赶到；在加油站尹某某独自驾车撞击了赵某某车辆，在撞击第二下时苏某某才出现在加油站出口处，苏某某并未提供帮助，苏某某的行为也不构成寻衅滋事罪。苏某某帮助尹某某跟踪赵某某并寻找相关证据，张贴、散发不利于赵某某名声的单页等行为，尚达不到用刑法评价的程度，且赵某某已明确向公安机关要求对张贴单页的行为终止调查，只追究开车撞她，毁坏其车辆的责任。综上，尹某某、苏某某的行为不符合寻衅滋事罪的构成要件，不构成寻衅滋事罪。尹某某驾车故意撞击赵某某车辆，致赵某某车辆损坏，侵犯了公民的财产所有权，构成故意毁坏财物罪。

编写人：山东省东营市经济技术开发区人民法院　武云卫

10

转化抢劫罪中对被告人入户目的及暴力程度的具体判定

——夏某强奸、抢劫案

【案件基本信息】

1. 裁判书字号

江苏省南京市鼓楼区人民法院（2021）苏0106刑初762号刑事判决书

2. 案由：强奸罪、抢劫罪

【基本案情】

2021年5月28日中午，被告人夏某至某小区×栋××室维修家具，完成工作后自8楼步行至该楼15层，发现××室房门虚掩，即推门入室，在被害人睡觉的情况下，从室内桌上一盒子里窃得金手镯一只、浪琴牌手表一只、已部分消费的水果卡一张（经鉴定与核实，金手镯价值人民币13180元、手表价值人民币7500元，水果卡余额86.32元）。欲离开时，因被惊醒的王某某发现，夏某随即躲入卫生间，在王某某跟随过来后，反身用身体抵住王某某，将其推倒至卧室床上，后用身体压住王某某，用左手先后捂住王某某嘴巴、眼睛，用右手抚摸王某某胸部，在被害人明确告诉其在生理期的情况下，夏某表示“那又怎样”，后被王某某推开，看到王某某抽出的带血迹的卫生巾后携带财物离开现场。

次日，被告人夏某被公安机关抓获，全部涉案财物被同时缴获。被告人夏某归案后，如实供述了上述事实，涉案财物已全部发还被害人，被害人对夏某的侵财行为表示谅解。

【案件焦点】

转化抢劫中对被告人入户的目的及暴力程度如何判定，以区分被告人行为是否发生转化，构成抢劫罪。

【法院裁判要旨】

江苏省南京市鼓楼区人民法院经审理认为：被告人夏某入户盗窃，为抗拒抓捕而当场使用暴力，其行为构成抢劫罪；被告人夏某违背妇女意志，以暴力手段强奸妇女，其行为构成强奸罪。被告人夏某在判决宣告前一人犯数罪，应数罪并罚。被告人夏某在实施强奸过程中自动放弃犯罪，系犯罪中止，依法应减轻处罚。被告人夏某归案后，如实供述自己的抢劫和强奸罪行，系坦白，依法可从轻处罚。被告人夏某自愿认罪认罚，并在抢劫后取得被害人谅解，可从轻、从宽处理。公诉机关指控夏某犯抢劫罪、强奸罪，事实清楚，证据确实充分，定性准确，予以采纳。

江苏省南京市鼓楼区人民法院依照《中华人民共和国刑法》第二百六十四条、第二百六十九条、第二百六十三条第一项、第二百三十六条第一款、第二十四条、第六十九条第一款和第三款、第六十七条第三款、第二十三条第一款、第六十七条第三款之规定，作出如下判决：

被告人夏某犯抢劫罪，判处有期徒刑十年，并处罚金人民币3万元；犯强奸罪，判处有期徒刑一年六个月；决定执行有期徒刑十年六个月，并处罚金人民币3万元。

一审宣判后，被告人未提起上诉，检察机关未提起抗诉，该判决已发生法律效力。

【法官后语】

本案的争议焦点主要在于对被告人夏某的入户目的及暴力程度如何判定，此种情况下夏某是否构成抢劫罪。依据2016年《最高人民法院关于审理抢劫刑事案件适用法律若干问题的指导意见》（以下简称《指导意见》），其中对入户抢劫的目的作了专门的规定，将入户抢劫与在户内抢劫区别开来，“以侵害户内人员的人身、财产为目的，入户后实施抢劫，包括入户实施盗窃、诈骗等犯罪而转化为抢劫的，应当认定为入户抢劫”。此规定不同于2000年《最高人民法院关于审理抢劫案件具体应用法律若干问题的解释》（以下简称《司法解释》）第一条关于入户抢劫的规定，即“入户抢劫”是指为实施抢劫行为而进入他人生活的与外界相对隔离的住所，包括封闭的院落、牧民的帐篷、渔民作为家庭生活场所的渔船、为生活租用的房屋等进行抢劫的行为。对于入户盗窃，因被发现而当场使用暴力或者以暴力相威胁的行为，应当认定为入户抢劫。《指导意见》对入户的目的作了扩大解释，从之前的入户盗窃、抢劫等侵财行为扩大到以侵害户内人员的人身、财产为目的，入户后实施的侵财类犯罪等行为。具体到本案中，被告人夏某虽以盗窃为目的进入户内，但本案的盗窃行为已经实施完毕，欲离开时被被害人发现，在被害人并不明确知道被告人是否实施了盗窃行为的情况下，被告人夏某进而对被害人实施了强奸行为，但因被害人处于生理期而放弃强奸行为，被告人夏某此时的暴力行为目的并非侵犯财产，而是侵害被害人的人身权利，依据《指导意见》的规定，其系以侵害户内人员的人身为目的，入户后实施了抢劫行为，故可认定为具有抢劫的主观目的。

本案的第二个争议焦点在于对被告人夏某的暴力行为如何评定，其暴力程度是否达到转化为抢劫的标准。依据《司法解释》的规定，对于入户盗窃，因被发现而当场使用暴力或者以暴力相威胁的行为，应当认定为入户抢劫，此处的用语是“应当”而非“可以”，即只要实施了暴力行为，即应转化为抢劫罪。具体到本案中，被告人夏某对被害人实施了捂嘴、推倒在床、以身体压制的行为，过程中被害人并未反抗及呼救，从整体来看，被告人的暴力行为时间较短，程度较轻，未对被害人造成任何伤害的后果。但因被害人系独身居住的女子，此种情况下被告人的行为系为强奸而实施的暴力行为，用身体压倒被害人，达到了压制被害人反抗的程度，其范围已超出了转化抢劫中所能容忍的轻微的为脱身而使用暴力的范围，实际控制了被害人的身体，且被告人的行为并非为脱身逃离而使用的暴力，而是为实施强奸而使用暴力，故认为被告人夏某的行为定性已从侵财行为本身发生转化，应构成抢劫罪。

编写人：江苏省南京市鼓楼区人民法院　李丽媛

11

足以造成严重食物中毒事故或者其他严重食源性疾病的认定

——姚某、陈某强等生产、销售不符合安全标准的食品案

【案件基本信息】

1. 裁判书字号

福建省仙游县人民法院（2021）闽0322刑初75号刑事判决书

2. 案由：生产、销售不符合安全标准的食品罪

【基本案情】

2019年年底至2020年6月，被告人姚某伙同他人在某村无证开设一家生猪养殖场经营生猪销售生意。其间，从外省、市购进未经检验检疫的生猪到莆田市，以每头生猪30元至80元不等的价格向多个正规养殖场购买耳标和《动物检疫合格证明》，后将这些生猪销售给多个定点屠宰场的屠宰户。

2019年9月至2020年6月，被告人姚某、陈某强、陈某瑞（另案处理）等合伙在某镇无证开设一家生猪养殖场经营生猪销售生意，雇佣被告人肖某红负责生猪养殖场的日常管理等工作。其间，该团伙从外省、市购进未经检验检疫的生猪到莆田市，后将其中出现疫病症状、死因不明的生猪、猪肉等共18头以24100元的价格低价销售给姚某瑞、姚某（均另案处理）、范某兰等人，姚某瑞、姚某屠宰后又销售给居民。

【案件焦点】

1. 足以造成严重食物中毒事故或者其他严重食源性疾病的情形，如何认定；2. 如何根据在案证据定罪。

【法院裁判要旨】

福建省仙游县人民法院经审理认为：被告人姚某、陈某强、肖某红伙同他人以营利为目的，违反国家食品安全管理制度，从外省、市购进未经检验检疫的生猪到莆田市，后将其中出现疫病症状、死因不明的生猪、猪肉等共18头以24100元的价格低价销售给姚某瑞、姚某、范某兰等，姚某瑞、姚某屠宰后又销售给居民，足以造成严重食物中毒事故或者其他严重食源性疾病，其行为侵犯国家食品安全管理制度和消费者的健康权利，构成生产、销售不符合安全标准的食品罪。依法应予惩处。

福建省仙游县人民法院依照《中华人民共和国刑法》第二百八十条第一款、第一百四十三条、第六十九条第一款和第三款、第二十五条第一款、第二十七条、第六十七条第一款和第三款、第六十一条、第六十四条，《中华人民共和国食品安全法》第一百四十八条，《中华人民共和国刑事诉讼法》第一百零一条第二款以及《最高人民法院、最高人民检察院关于检察公益诉讼案件适用法律若干问题的解释》第二十条的规定，作出如下判决：

一、被告人姚某犯买卖国家机关证件罪，判处有期徒刑三年三个月，并处罚金人民币十万元；犯生产、销售不符合安全标准的食品罪，判处有期徒刑一年，并处罚金人民币二万元。数罪并罚，决定执行有期徒刑三年八个月，并处罚金人民币12万元；

二、被告人陈某强犯买卖国家机关证件罪，判处有期徒刑三年三个月，并处罚金人民币10万元；犯生产、销售不符合安全标准的食品罪，判处有期徒刑一年，并处罚金人民币2万元。数罪并罚，决定执行有期徒刑三年八个月，并处罚金人民币12万元；

三、被告人肖某红犯生产、销售不符合安全标准的食品罪，判处有期徒刑九个月，并处罚金人民币1万元；

四、被告人姚某、陈某强、肖某红已退在本院的违法所得人民币2410元予以没收，上缴国库；

五、由附带民事公益诉讼被告姚某、陈某强、肖某红赔付惩罚性赔偿金人民币 241000 元，上缴国库；

六、由附带民事公益诉讼被告姚某、陈某强、肖某红于本判决生效后十日内在莆田市市级以上新闻媒体上公开赔礼道歉（公开赔礼道歉内容须经本院审核同意）；

七、公安机关扣押涉案的账本九本，送货本两本、记账本一本、手机三部，由扣押机关予以没收，依法处理。

一审判决后，被告人未提起上诉，检察机关未提起抗诉，该判决已发生法律效力。

【法官后语】

本案处理重点主要是足以造成严重食物中毒事故或者其他严重食源性疾病的认定。《最高人民法院、最高人民检察院关于办理危害食品安全刑事案件适用法律若干问题的解释》对于如何的认定作了专门规定：（1）含有严重超出标准限量的致病性微生物、农药残留、兽药残留、重金属、污染物质以及其他危害人体健康的物质的；（2）属于病死、死因不明或者检验检疫不合格的畜、禽、兽、水产动物及其肉类、肉类制品的；（3）属于国家为防控疾病等特殊需要明令禁止生产、销售的；（4）婴幼儿食品中生长发育所需营养成分严重不符合食品安全标准的；（5）其他足以造成严重食物中毒事故或者严重食源性疾病的情形。有上述情形之一的，应当认定为刑法所规定的“足以造成严重食物中毒事故或者其他严重食源性疾病”。

具体到本案中，应属于第二项所规定的情形：属于病死、死因不明或者检验检疫不合格的畜、禽、兽、水产动物及其肉类、肉类制品的。但本案中被告人将生猪销售给屠宰户，再由屠宰户向市场销售，因已死的生猪难以屠宰，所以被告人所销售的生猪大多为尚存活的生猪而后进行急宰。对于该情形，审理法院从以下情形予以认定：其一，被告人无证开办生猪养殖场进行生猪销售经营；其二，被告人从外省、市购进未经检验检疫的生猪，在非法购买动物检疫合格证明后售出；其三，根据在案证据中的陈述、供述、微信信息记录等，购售双方均明知部分生猪出现病症、受伤，属于不得屠宰销售的。结合全案情况，进行综合分析判断可以认定被告人所销售生猪或生猪肉品足以造成严重食物中毒事故或者其他严重食源性疾病。

值得注意的是，食品安全领域发生的问题从市场倒推到生产环节，属于一种刑事推定，即根据已知的确切事实来推断出此前的一个待定的事实。是基于已知的确切基础事实与推定事实之间高概率的紧密联系，即一种相生相伴和并存的联系。因此，基础事实必须确切清楚，必须得到在案证据的充分证明。

编写人：福建省仙游县人民法院　陈益鹏

12

组织卖淫罪和容留卖淫罪的区分在于是否具有控制他人卖淫的目的行为

——范某莉、肖某强组织卖淫，王某协助组织卖淫案

【案件基本信息】

1. 裁判书字号

福建省厦门市中级人民法院（2021）闽02刑终第46号刑事裁定书

2. 案由：组织卖淫罪、协助组织卖淫罪

【基本案情】

自2018年9月起，被告人范某莉在其所经营的某养生会所内招募并组织卖淫人员提供“口交”等卖淫服务，收取不等费用。被告人范某莉雇用被告人肖某强担任现场经理，负责管理技师、接待客人等现场管理工作，雇用被告人王某担任收银员，负责排班、收银、记账等工作。经查，2018年9月至11月被查获期间，某养生会所共组织十余名卖淫人员卖淫百余次。2018年11月19日22时许，公安机关对某养生会所进行冲击，当场抓获被告人肖某强、王某及多

名卖淫嫖娼人员。到案后，被告人肖某强、王某如实供述上述主要犯罪事实。2019 年 1 月 9 日，被告人范某莉主动到公安机关接受调查，但否认有组织他人卖淫。

【案件焦点】

被告人范某莉、肖某强的行为构成组织卖淫罪还是容留卖淫罪。

【法院裁判要旨】

福建省厦门市海沧区人民法院经审理认为：（1）关于非法证据排除问题。公安机关于 2018 年 11 月 19 日 22 时许对某养生会所进行冲击，当场抓获被告人肖某强、王某等多名人员，都具有协助组织卖淫或者组织卖淫的重大嫌疑，公安机关对上述几名嫌疑人进行刑事拘留并无不当，进行取证并非限制他人人身自由所取得的证据。因此，上述言词证据合法，不应作为非法证据进行排除。（2）各被告人的行为定性问题。范某莉、肖某强及其辩护人均提出，本案被告人不构成组织卖淫罪，如果构成犯罪，只能以容留卖淫嫖罪定罪处罚。经查，范某莉是会所的老板，被告人肖某强、王某以及相关的技师等人明确指出了会所有提供口交等相关的卖淫服务，范某莉将卖淫女进行编号管理，通过建立微信群、开会等形式指挥卖淫行动，制作清单计算卖淫人员、项目以及嫖资，现场还安排肖某强进行管理；此外，范某莉牢牢掌握非法获得钱财的控制权，通过统一定价、前台开单，收来的钱转入范某莉的微信，对嫖资进行抽成牟利后再分发给卖淫人员，具有“控制”的目的行为，故范某莉的行为构成组织卖淫罪。被告人肖某强是现场经理，公诉机关指控的罪名并根据被告人的地位、作用认定为从犯并无不当。（3）关于卖淫人员是否达到十人以上的问题。根据在案的证据可以证明有十人以上技师提供了卖淫的口交服务。综上，被告人范某莉、肖某强组织他人卖淫，卖淫人员累计达十人以上，其行为均已构成组织卖淫罪，情节严重，本案系共同犯罪。被告人范某莉在共同犯罪中起主要作用，系主犯，应当按照其所参与的全部犯罪处罚；被告人肖某强在共同犯罪中起次要作用，系从犯，依法应当从轻处罚。被告人王某明知他人组织卖淫而予以帮助，其行为犯协助组织卖淫罪。公诉机关指控的罪名成立。被告人肖某强、王某能够如实供述自己的罪行，系坦白，依法可以从轻处罚。

福建省厦门市海沧区人民法院依照《中华人民共和国刑法》第三百五十八条、第二十五条、第二十六条、第六十七条和第六十四条之规定，作出如下判决：

一、被告人范某莉犯组织卖淫罪，判处有期徒刑十年，并处罚金人民币5万元；

二、被告人肖某强犯组织卖淫罪，判处有期徒刑六年，并处罚金人民币1万元；

三、被告人王某犯协助组织卖淫罪，判处有期徒刑一年二个月，并处罚金人民币3000元；

四、扣押在案的作案工具手机、账单、营业执照、花名册等物品，依法予以没收。

被告人范某莉、肖某强持原审辩解提起上诉。福建省厦门市中级人民法院同意一审法院的裁判意见，依照《中华人民共和国刑事诉讼法》第二百三十六条第一款第一项之规定，作出如下裁定：

驳回上诉，维持原判。

【法官后语】

本案的争议焦点在于被告人范某莉、肖某强的行为构成组织卖淫罪还是容留卖淫罪。根据《最高人民法院、最高人民检察院关于办理组织、强迫、引诱、容留、介绍卖淫刑事案件适用法律若干问题的解释》规定，组织卖淫罪是指以招募、雇用、强迫、引诱、容留等手段，控制多人从事卖淫的行为。其包括手段行为和目的行为，“容留”是手段之一。实践中可能存在组织卖淫活动并有引诱、容留、介绍卖淫行为的定罪问题，区分的关键在于是否具有“控制多人从事卖淫活动”的目的行为。该目的行为总体体现为组织性：一是卖淫组织的建立。卖淫组织的建立一般是组织者采取招募、雇用、强迫、引诱等方法掌控一定的卖淫人员，从而实现其组织卖淫并从中牟利的目的；二是对卖淫者进行管理。组织者通过制定、确立相关的人、财、物管理方法，甚至是对卖淫行为的标准进行规定，从而实现与卖淫人员之间形成管理和被管理的关系；三是组织、安排卖淫活动。组织者通过推荐、介绍、招揽嫖客，安排相关服务，提供物质条件，从而安排具体的卖淫活动等，应注意的是，卖淫服务是指以营利为目的，满足不特定对方（不限于异性）性欲的行为，包括与不特定的对方发生性交和实施类似性交行为（如口交），但单纯为异性手淫的，女性用乳房摩擦男性生殖器的，不应纳入卖淫服务范围内。而容留卖淫罪仅表现为卖淫人员提供固定或流动的卖淫场所，收取一定的场所费用甚至不收取任何费用，对卖淫活动不管理不控制。

本案被告人范某莉是会所的老板，其他被告人和证人均明确指出了会所有提供口交等相关的卖淫服务，范某莉将卖淫女进行编号管理，通过建立微信群、开会等形式指挥卖淫行动，制作清单计算卖淫人员、项目以及嫖资，现场还安排肖某强进行管理；此外，范某莉通过统一定价、前台开单，收来的钱转入范某莉的微信，对嫖资进行抽成牟利后再分发给卖淫人员等方式，牢牢掌握财政权，具有"控制"的目的行为，故范某莉的行为构成组织卖淫罪而非容留卖淫罪。被告人肖某强在现场负责带客人进房间，了解客人要做的项目，在微信群里直接安排卖淫女的行动，处理会所出现的纠纷，安排上钟等，是卖淫场所的现场管理者和负责人，体现了对现场的管理性和组织性，其构成组织卖淫罪并无不当。但其在共同犯罪中起次要作用，系从犯，应当从轻处罚。

值得注意的是，随着现代信息技术的发展，组织卖淫行为人为逃避司法侦查，往往采用动态管理方式，利用现代化通信工具，以经营宾馆、洗浴中心、会所等为名，行组织卖淫之实。本案被告人亦据此进行抗辩。笔者认为应该透过现象看本质，微信群等信息技术的运用，并非判断组织性的关键，"管理、控制"的程度亦无法因传统空间被割据而弱化，事实上，这种化零为整的动态管理模式，由于电子证据的取证和固化，更能体现组织者的管理、控制行为和程度，同样也能按照组织卖淫罪和容留卖淫罪的区分关键进行甄别。

编写人：福建省厦门市海沧区人民法院　黄少斌　邱碧蓉

13

珍贵、濒危野生动物制品的价值及主观明知的认定

——卢某涛、魏某危害珍贵、濒危野生动物案

【案件基本信息】

1. 裁判书字号

安徽省亳州市中级人民法院（2022）皖16刑终1号刑事判决书

2. 案由：危害珍贵、濒危野生动物罪

【基本案情】

2020年5月，被告人卢某涛分两次向王某洲（另案处理）购买75公斤穿山甲甲片，由张某把该穿山甲甲片运至小区大门口附近，卢某涛取走穿山甲甲片。后卢某涛让其妻子冯某琦通过微信转账支付100000元。卢某涛把上述穿山甲甲片出售给他人。

2020年8月，被告人魏某在明知王某洲向他人购买3.95吨穿山甲甲片的情况下，仍将上述穿山甲甲片从深圳市运输至亳州市，王某洲向魏某支付运输费30000元。案发后在李某青（另案处理）家中搜查出的穿山甲甲片即为魏某非法运输至亳州的穿山甲甲片，经森林公安司法鉴定中心鉴定，该穿山甲甲片属穿山甲科动物的甲片，穿山甲属穿山甲科所有种被国家林业和草原局2020年第12号公告列入《国家重点保护野生动物名录》一级，同时也被列入《濒危野生动植物种国际贸易公约》附录Ⅰ或Ⅱ。经价格认证中心认定，涉案穿山甲甲片每公斤8000元。魏某运输穿山甲甲片总价值为31600000元。

另查明，二审中，魏某自愿认罪认罚，并退还违法所得28000元。

【案件焦点】

1. 被告人对收购的穿山甲甲片价值存在争议的情况下，如何判定该药品的价值；2. 被告人称其对运输的货物是否属于珍贵、濒危野生动物制品，主观不明知，如何判定其刑事责任。

【法院裁判要旨】

安徽省亳州市谯城区人民法院经审理认为：被告人卢某涛非法收购、出售珍贵、濒危野生动物制品，情节严重，被告人魏某非法运输珍贵、濒危野生动物制品，情节特别严重，均构成危害珍贵、濒危野生动物罪，应予依法惩处。公诉机关的指控成立。被告人卢某涛及其辩护人关于卢某涛向王某洲购买货物中包括全虫、西洋参、仅购买94000元的甲片、指控卢某涛情节严重无证据证明、卢某涛有坦白情节、认罪认罚的辩解及辩护意见，经查，卢某涛向王某洲购买穿山甲甲片，后安排其妻子冯某琦通过微信向王某洲的账户转账人民币10万元，上述事实有其供述，证人冯某琦、王某洲证言证实，且有微信聊天记录内容佐证，此辩解、辩护意见不能成立，本院不予采信；公诉机关指控卢某涛向王某洲购买穿山甲甲片118000元，部分事实证据不足，本院不予支持。被告人魏某及其辩护人关于魏某不明知运输货物系穿山甲片、其行为不构成犯罪、现有证据无法证实魏某明知运输货物系穿山甲甲片、本案事实不清、证据不足、请求宣告魏某无罪的辩解及辩护意见，经查，魏某和王某洲双方约定运输费用、交货地点均有异于正常运输货物，魏某在深圳接收货物时又对甲片进行了验货，其主观应明知运输货物系违禁品，此辩解、辩护意见不能成立，本院不予采信。被告人卢某涛当庭自愿认罪，可酌情从轻处罚。据此，依照《中华人民共和国刑法》第三百四十一条第一款之规定，作出如下判决：

一、被告人卢某涛犯危害珍贵、濒危野生动物罪，判处有期徒刑五年三个月，并处罚金人民币2万元；

二、被告人魏某犯危害珍贵、濒危野生动物罪，判处有期徒刑十二年，并处罚金人民币50万元；

三、扣押在案的手机由扣押机关亳州市公安局高新技术产业开发区分局依法处置。

宣判后，卢某涛、魏某提起上诉。在二审期间，魏某自愿认罪认罚，并退还违法所得 28000 元。

安徽省亳州市中级人民法院经审理认为：根据《最高人民法院关于审理破坏野生动物资源刑事案件具体应用法律若干问题的解释》第十一条的规定，珍贵、濒危野生动植物制品的价值，依照国家野生动物保护主管的规定核定；核定价值低于实际交易价值的，以实际交易价格认定。根据《中华人民共和国刑事诉讼法》第五十五条的规定，对一切案件的判处都要重证据，重调查研究，不轻信口供。只有被告人供述，没有其他证据的，不能认定被告人有罪和处以刑罚；没有被告人陈述，证据确实、充分的，可以认定被告人有罪和处以刑罚。本案中，被告人卢某涛供述、同案犯王某洲供述、证人冯某琦证言与微信转账记录、微信聊天记录能够相互印证，证实冯某琦微信支付给王某洲 10 万元系购买穿山甲甲片的货款；卢某涛供述其欠王某洲 28000 元全虫款未支付，王某洲供述未提及向卢某涛出售过西洋参，在案证据能够排除该 10 万元货款包含其他中药材款的可能性。卢某涛、王某洲供述关于穿山甲甲片的交易方式、送达方式、次数、金额供述细节虽有不一致之处，符合个体认知差异的规律，在案证据能够相互印证足以认定卢某涛从王某洲处购买 10 万元穿山甲甲片的事实。关于“危害珍贵、濒危野生动物罪”的主观明知，在《全国人民代表大会常务委员会关于〈中华人民共和国刑法〉第三百四十一条、第三百一十二条的解释》的立法解释中有明确的规定，即“知道或者应当知道”。经查，运输前王某洲已告知魏某运输物品系穿山甲甲片，即使按照魏某所述其不知穿山甲甲片为违禁品，但在验货过程中，王某洲明确告知其删除验货图片，在交付货物时选择偏僻场所，魏某与王某洲聊天称知道的人越少越好，事后获益远高于正常运输费用，综上，魏某对运输穿山甲甲片系违禁品的主观状态应认定为明知。被告人魏某非法运输珍贵、濒危野生动物制品，情节特别严重；被告人卢某涛非法收购珍贵、濒危野生动物制品，情节严重，二人行为均已构成危害珍贵、濒危野生动物罪。被告人魏某认罪认罚且退出违法所得，可对其从轻处罚；被告人卢某涛当庭认罪认罚，可酌情从轻处罚。根据被告人魏某、卢某涛犯罪的事实、性质、情节和对于社会的危害程度，结合其悔罪表现。依照相关法律规定，遂作出相应判决。安徽省亳州市中级人民法院作出如下判决：

一、维持亳州市谯城区人民法院（2021）皖1602刑初1049号刑事判决第一项和第三项，即“被人卢某涛犯危害珍贵、濒危野生动物罪，判处有期徒刑五年三个月，并处罚金人民币2万元”“扣押在案的手机由扣押机关亳州市公安局高新技术产业开发区分局依法处置”；

二、撤销亳州市谯城区人民法院（2021）皖1602刑初1049号刑事判决第二项，即“被告人魏某犯危害珍贵、濒危野生动物罪，判处有期徒刑十二年，并处罚金人民币50万元”；

三、上诉人魏某犯危害珍贵、濒危野生动物罪，判处有期徒刑十一年，并处罚金人民币10万元。

【法官后语】

本案是一起购买者对收购穿山甲甲片的价值以及运输者对运输穿山甲甲片主观明知存在争议的刑事案件。

一、购买者对收购的穿山甲甲片价值存在争议的情况下，如何判定该野生动物制品的价值

《最高人民法院、最高人民检察院、公安部、司法部关于依法惩治非法野生动物交易犯罪的指导意见》第六条规定，对涉案野生动物及其制品价值，可以根据国务院野生动物保护主管部门制定的价值评估标准和方法核算。对野生动物制品，根据实际情况予以核算，但核算总额不能超过该种野生动物的整体价值。具有特殊利用价值或者导致动物死亡的主要部分，核算方法不明确的，其价值标准最高可以按照该种动物整体价值标准的80%予以折算，其他部分价值标准最高可以按整体价值标准的20%予以折算，但是按照上述方法核算的价值明显不当的，应当根据实际情况妥当予以核算。核算价值低于实际交易价格的，以实际交易价格认定。根据前款规定难以确定涉案野生动物及其制品价值的，依据下列机构出具的报告，结合其他证据作出认定：（1）价格认证机构出

具的报告；（2）国务院野生动物保护主管部门、国家濒危物种进出口管理机构、海关总署等指定的机构出具的报告；（3）地、市级以上人民政府野生动物保护主管部门、国家濒危物种进出口管理机构的派出机构、直属海关等出具的报告。珍贵、濒危野生动物制品的价值以核定价值为准，核定价值低于实际交易价值的，以实际交易价格认定。本案中，被告人魏某运输的货物穿山甲甲片的核定价值为每公斤8000元，实际交易价格为每公斤800元，以核定价值的价格认定；因该实物销售完毕，无法对实物进行鉴定，故对被告人卢某涛依照其实际交易价格认定。被告人卢某涛辩称其只购买94000元穿山甲甲片，相关证据不能排除合理怀疑，不足以认定涉案价值10万元以上，达到情节严重的标准；其出售给何某、王某长的穿山甲甲片没有实物，何某没有归案，王某长不承认购买其穿山甲甲片，其销售给王某长价值49000元穿山甲甲片款无法认定，销售给何某40公斤穿山甲甲片也不能认定。经查，卢某涛供述、同案犯王某洲供述、证人冯某琦证言与微信转账记录、微信聊天记录能够相互印证，证实冯某琦微信支付给王某洲10万元系购买穿山甲甲片的货款；卢某涛供述其欠王某洲28000元全虫款未支付，王某洲供述未提及向卢某涛出售过西洋参，在案证据能够排除该10万元货款包含其他中药材款的可能性。卢某涛、王某洲供述关于穿山甲甲片的交易方式、送达方式、次数、金额供述细节虽有不一致之处，符合个体认知差异的规律，在案证据能够相互印证，足以认定卢某涛从王某洲处购买10万元穿山甲甲片的事实。被告人魏某辩称其被王某洲欺骗以运输中药材为名运输穿山甲甲片，系帮助行为应认定为从犯；认定其涉案数额不应当以王某洲非法交易价格为依据，本案应当以其获益28000元定罪处罚，经查，魏某运输的穿山甲甲片价值经鉴定为3160万元，属犯罪情节特别严重，不以其获益的28000元或上家交易价格为依据。

二、运输者对运输的货物是否属于珍贵、濒危野生动物制品，主观不明知，如何判定其刑事责任

珍贵、濒危野生动物的认定是构成要件该当性中行为对象的识别问题，有学者总结出违法性认识错误不可避免的判断标准有客观事实条件的不允许和行

为人已充分发挥主观能动性但仍受限于客观条件两方面，“一是行为人没有机会或者客观条件去认识相关法律、法规；二是行为人已经充分努力查找、咨询相关法条、法规，但仍受自身能力或客观条件限制，仍无法取得正确认识[①]。”

在审理针对野生动物的犯罪案件中，对象认识错误或违法性认识错误是被告人及其辩护人经常提出的辩护理由。有观点认为，行为人不知道其针对涉案动物所实施的行为为法律所禁止，或不认识、不知道涉案动物是野生动物，或者不知道涉案野生动物是国家重点保护的野生动物，应当根据责任主义原则，排除故意或者阻却、减轻行为人责任。本案被告人运输前王某洲已告知魏某运输物品系穿山甲甲片，即使按照魏某所述其不知穿山甲甲片为违禁品，但在验货过程中，王某洲明确告知其删除验货图片，在交付货物时选择偏僻场所，魏某与王某洲聊天称知道的人越少越好，事后获益远高于正常运输费用，故应认定其主观明知。也有观点认为，我国传统刑法理论采取“知法推定”的立场，推定所有公民都应当了解国家设置的各种法律规定，认定行为人构成犯罪原则上不以其具有违法性认识为前提。确有证据证明行为人存在对象认识错误的，应按事实认识错误的处理规则处理。以上两种观点在对象认识错误处理规则方面是一致的，即事实认识错误影响被告人的刑事责任，但在违法性认识方面持有不同立场。根据公众对野生动物的认知现状、事后行为人实施行为以及刑罚目的综合认定。首先，在刑法立场方面，应当坚持以“知法推定”为主、例外情况为辅，防止行为人任意以不知法为由推脱罪责，进而督促执法主体主动履行宣传、执行法律的责任，唤起公众知法学法用法守法的意识。需要说明的是，由于野生动物保护具有一定的专业性，不排除在特殊情况下行为人缺乏违法性认识的现实性和可能性，亦应本着公平合理的精神，允许行为人证明其“不知法”。但违法性认识是主观的，不能单独依靠被告人的供述，必须根据现有证据依法作出推断认定。实践中，可以根据行为人的生活环境、文化程度、从事职业、阅历、专业知识和能力、被抓获前后的表现，并结合行为人、同案人的供述内容推断认定行为人是否明知或应知其行为具有违法性。其次，在认识范

① 邵卫国：《行政犯前置法认识错误问题研究》，载《法商研究》2020年第1期。

围方面，应当宜宽不宜严。违法性认识错误不同于对象认识错误。对象认识错误属事实认识的范畴，如误把家禽当野生动物，误把白鹇当原鸡，误把国家重点保护野生动物当成一般保护动物等，根据我国刑法理论通说即构成要件符合说认为，行为人预想实施犯罪的对象与实际侵犯对象不一致时，如果错误认为的对象与预想侵犯的对象属于同一构成要件范围内的对象，不影响对行为人的故意罪责认定；如果二者不属于同一构成要件范围内的对象，应以实际认识的对象认定故意罪责。违法性认识错误是指行为人已认识到客观的犯罪事实，但误以为其行为不违反刑法，误认为不是犯罪。通常而言，违法性不属于故意的认识内容，是否具有违法性认识，只关系行为人是否存在主观恶性和责任程度的认定，不影响对行为人的行为定性。一般情况下不要求行为人对违法性认识达到明确、具体的程度，只要行为人知道或应当知道其所实施行为不合法，即应认定其具有违法性认识，其中出现的具体认识偏差不影响对其行为的定性。因此，除误以为有罪为无罪外，其余几种情况的违法性认识错误不影响对行为人的罪责认定。最后，在证明责任方面，应当由被告人举证为主。违法性认识错误属于辩护性理由，应由被告人举证证明其欠缺现实的违法性认识，且其违法性认识错误不可避免。在被告人确实能够证明其不具有违法性认识的基础上，司法人员应当本着刑事朴素价值观念来判断该行为的违法性认识错误是否可以避免。

在本案中，法院生效判决通过对案件事实、证据的梳理分析，抽象出刑法中客观、主观方面对定罪量刑的影响，通过对野生动物制品价值、主观明知等问题的分析，厘清野生动物制品客观价值以及主观明知认定，准确打击刑事犯罪的同时，保障当事人的合法权益，为司法实践中类似案件的审理提供指引，指导司法实践。

编写人：安徽省亳州市谯城区人民法院　李拼

14

未成年人达到法定年龄犯罪应当负刑事责任

——黄某峰、厉某强迫卖淫案

【案件基本信息】

1. 裁判书字号

湖南省蓝山县人民法院（2021）湘1127刑初144号刑事判决书

2. 案由：强迫卖淫罪

【基本案情】

2021年1月28日，因厉某一直拖欠贺某某（女，2005年6月2日出生）的钱未归还，于是贺某某找到黄某峰（男，2004年2月9日出生），要求黄某峰打厉某一顿帮她出气。2021年1月30日，黄某峰将贺某某要其打厉某一事告诉了厉某，两人经商量决定共同设局欺骗贺某某，以黄某峰将厉某砍伤需要赔偿高额医药费以及不赔就到公安局举报贺某某“故意伤害”为由，来逼迫贺某某“接单”卖淫赔钱。后被告人黄某峰、厉某共同编造虚假的聊天记录、用纱布抹口红伪装成厉某受伤、言语威胁等方式，迫使被害人贺某某答应卖淫赔钱。2021年1月31日凌晨，经被告人黄某峰联系，嫖客邓某胜以1500元包夜的价格在某酒店嫖宿了被害人贺某某。案发后，2021年2月3日，被告人黄某峰、厉某分别被公安机关传唤到案；被告人黄某峰的父亲黄某发于2021年3月11日与被害人贺某某及其法定代理人陈某兰达成和解协议，共赔偿被害人贺某某相关损失共计人民币4500元，已履行到位，被害人贺某某及其法定代理人陈某兰出具了书面谅解书对黄某峰的行为表示谅解。2021年7月29日，被告人黄某峰的法定代理人为其退还了非法获利人民币2800元。

【案件焦点】

1. 罪名为强迫卖淫罪还是引诱卖淫罪；2. 共同犯罪中中止行为应当如何认定。

【法院裁判要旨】

湖南省蓝山县人民法院经审理认为：被告人黄某峰、厉某违背未成年少女的意志，采取欺骗手段，并胁迫其从事卖淫活动，其二人的行为均已构成强迫卖淫罪。公诉机关指控被告人黄某峰、厉某犯强迫卖淫罪的事实清楚，证据确实、充分，罪名成立。在共同犯罪中被告人黄某峰、厉某均起了主要作用，均系主犯，应当按照其所参与的或者组织、指挥的全部犯罪处罚。被告人黄某峰、厉某强迫未成年人卖淫，依法应当从重处罚，到案后被告人黄某峰、厉某均能如实供述自己的犯罪事实，系坦白，依法可从轻处罚；两被告人在犯罪时均系已满十四周岁不满十八周岁，依法应从轻或者减轻处罚；两被告人均自愿认罪认罚，可以依法从宽处理。指定辩护人辩称，被告人厉某有中止行为，自首行为，与查实的事实不符，本院不予采信。依照《中华人民共和国刑法》第三百五十八条第一款和第二款，第十七条第一款和第四款，第二十五条第一款，第二十六条第一款和第四款，第六十七条，第六十四条，第五十二条、第五十三条第一款，《中华人民共和国刑事诉讼法》第十五条之规定，作出如下判决：

一、被告人黄某峰犯强迫卖淫罪，判处有期徒刑三年六个月，并处罚金人民币 6000 元；

二、被告人厉某犯强迫卖淫罪，判处有期徒刑三年，并处罚金人民币 3000 元；

三、被告人黄某峰退出的非法获利人民币 2800 元，其中 1300 元退还受害人，1500 元予以没收，上缴国库。

一审宣判后，被告人未提起上诉，检察机关未提起抗诉，该判决已发生法律效力。

【法官后语】

本案是一起强迫卖淫罪案件，该案的特别之处在于涉案的被告人和受害人均为未成年人。关于罪名的认定，强迫卖淫罪，主要关键词在于“强迫”，就是指适用暴力、威胁、虐待等强制方法迫使他人从事卖淫行为。在他人不愿意从事卖淫活动的情况下，使用包括但不限于殴打、语言威胁、暴露隐私等各种强制手段，迫使其从事卖淫活动。其中涉及的行为对象包括妇女、幼女以及男性。而引诱卖淫罪，关键词在于“引诱”，是指行为人利用金钱或者物质或非物质的性利益做诱饵，或者采取精神、语言层面的其他手段，勾引、诱惑、劝导、怂恿其从事卖淫活动。在案件中，两被告人通过虚构黄某在贺某某（受害人）的指使下将厉某砍伤这一情形，欺骗贺某某，向其索要高额的医药赔偿，以若不赔偿就去公安局举报为由，用此来逼迫贺某某卖淫赔钱。从构成强迫卖淫罪的几个要件来看，在客观方面，违背他人意志，采取了胁迫、威逼的方式。在主观方面，两被告人表现是行为上的故意，且“赔钱”在某一种层面上说，也是一种营利行为。因此，两被告人是构成了强迫卖淫罪，应当以强迫卖淫罪的有关法律规定，综合各种因素后进行量刑。关于提出的犯罪中止的问题。在司法实践中，个人单独犯罪要成立犯罪中止是较为简单的，但是在共同犯罪中的犯罪中止，行为人不仅要对本人行为负责，还要对其他共同犯罪人的行为负责。因此，在一般情况下，共同犯罪的中止要求在放弃本人的犯罪行为时，还必须要有效制止其他共同犯罪人的犯罪行为，防止犯罪结果的发生。就本案而言，黄某、厉某强迫贺某某卖淫的行为已经发生，并非法获利，其行为并不能构成犯罪中止。

未成年人违法犯罪一直是社会高度关注并重视的话题。此案件，涉案的被告人以及受害人均为未成年人，在刑事审判中，加害者与受害人，未成年人遇上未成年人，人民法院坚持认真贯彻执行以审判为中心的刑事诉讼，严格证据认定，在法律规定的范围内，充分发挥法官自由裁量权，充分保障受害者的权益，把打击严厉犯罪作为根本行为准则。一方面，对涉及危害妇女儿童安全的犯罪保持高压态势，以法制关爱、护航未成年人健康、平安成长。另一方面，因涉案的被告人同为未成年人，法院依法为其指定了辩护律师，采取不公开开庭方式，保护未成年人隐私，进一步保障了未成年被告人的合法权益。对两被告人涉及的犯罪事实和行为，经过审理查明，合议庭在多方听取、了解、查阅相关资料后，本着教育、感化方针，进一步帮助涉案当事人成长，法官在审判过程中均从法、理、情各方面进行了教育，实现了由单纯的审判者向审判者、教育者、社会工作者三重角色的融合和转变，达到了案件审理的社会效果和法治效果的有机统一。

编写人：湖南省蓝山县人民法院 黄长鹤 晏斐斤

15

抢劫罪与敲诈勒索罪的实质差异认定

——孙某等敲诈勒索案

【案件基本信息】

1. 裁判书字号

江苏省如东县人民法院（2020）苏0623刑初359号刑事判决书

2. 案由：敲诈勒索罪

【基本案情】

2020年5月15日，案外人孙某某委托孙某帮助其向被害人徐某海有偿催收债务。2020年5月16日，孙某携王某（另案处理）向徐某海催收债务。到如东县后，二人多次找寻徐某海未果，遂尾随徐某海，找到其居住小区及具体楼层，欲上门催债。2020年6月17日，为恐吓、逼迫其还债，二人至超市购买了两把长度约30厘米的全钢材质水果刀。后因王某不同意孙某使用暴力催收债务，孙某遂联系被告人于某雪、马某飞二人至如东县帮助其催收债务，并承诺事后给予报酬。

2020年6月26日，被告人孙某等将购买的两把水果刀放置于随身背包内。同日18时许，孙某等携带装有两把水果刀的背包至小区，并准备上楼至徐某海家催收债务。后孙某三人至该小区××幢××层楼，伺机入室。孙某趁徐某海的妻子徐某平出门倒垃圾之际，拉开门率众乘隙入户。徐某海欲报警，孙某示意于某雪、马某飞控制现场通讯工具，并拿出事先放在于某雪包内的水果刀，与马某飞各持一把，三人随即表明催债身份，持刀威胁、恐吓徐某海偿还债务（徐某海的未成年儿子在场）。

在随后的催债过程中，被告人孙某拿出相关手续材料，向被害人徐某海催收债务，徐某海始终表示其没有能力偿还债务，三人亦表示拿不到钱绝不会离开。后徐某海让三被告人不要参与催收该债务，并表示可以向孙某等人支付费用（辛苦费或跑腿费），让其离开，孙某三人表示同意（其中被告人于某雪在三人的微信群中称“这会不行就别想别人了，想想咱们”，其余二人应允）。徐某海表示其暂时没有钱，孙某让其借钱，后徐某海允诺第二天借10万元给孙某，但三被告人不愿意，双方未谈成。三被告人遂开始查看徐某海夫妇二人的手机、银行卡等，发现徐某海手机微信绑定的银行卡内有3万元，孙某、马某飞二人遂使用徐某海的手机微信转账19500元至马某飞微信账户。后来孙某又发现徐某平手机支付宝内有20万元，徐某平示意其不要声张，告知其该钱系自己的私房钱，孙某遂与其单独商谈，让徐某平通过支付宝转账10万元至孙某支付宝账户。事后，三人将该笔款项瓜分。

案发后，三被告人均如实供述了自己的犯罪事实，并已退还全部赃款，取得被害人徐某平的谅解。

【案件焦点】

本案中被告人孙某等的行为是构成抢劫罪还是敲诈勒索罪。

【法院裁判要旨】

江苏省如东县人民法院经审理认为：（1）三被告人入户时，目的是催收债务，并非索取“辛苦费”，催债及之后索取“辛苦费”的谈判过程较长，尚无证据证明在此期间，被告人利用刀具直接实施任何威逼及伤害被害人的行为以彻底压制被害人反抗，从而索得“辛苦费”，表明三被告人的暴力、威胁行为尚未达到抢劫罪的严重程度；期间，被害人徐某平因受惊吓，出现心脏病症状时，被告人还多次倒水给其喝并给予照顾，也表明被告人并不希望因为自己的行为发生危及被害人人身安全的严重后果。（2）被害人并未因被告人的暴力、威胁行为而完全丧失财产处分的自由意志。在催债过程中，被告人孙某向被害人徐某海催要债务，双方交涉了一段时间未果，徐某海为摆脱孙某等，表示愿意给付一定“辛苦费”，但又表示没有现钱给付，第二天再筹款给付。后续事实却证明，两被害人手机账户内当时均有可支配金钱可以立即给付，而却未立即给付，表明三被告人的暴力、威胁行为并未达到抢劫罪的紧迫程度，被害人并未因被告人的暴力、威胁行为而完全丧失处分财产的意志自由，心中仍存有侥幸保全财产的希望。（3）孙某在可以取走徐某平全部钱款的情况下，仍然与徐某平协商只转账部分钱款。在三被告人索取“辛苦费”，搜查被害人手机账户财产时，孙某发现徐某平手机支付宝中有20万元，但其并未强行让徐某平全额转账，而是在与徐某平单独商谈后，让徐某平持手机自行转账10万元给其，与徐某海承诺给付“辛苦费”金额基本一致。综上分析，三被告人虽然实施了一定程度的暴力、胁迫行为，但其行为的紧迫、严重程度尚未达到抢劫罪的标准，被害人并未因被告人的暴力、胁迫行为受到完全压制，彻底丧失财产自由处分的意志。

综合以上分析，三被告人在暴力催收债务未果后，以非法占有为目的，对被害人实行暴力、威胁索得“辛苦费”，应构成敲诈勒索罪。故对公诉机关提出的三被告人构成抢劫罪的公诉意见，本院不予采纳；公诉机关关于三被告人构成入户抢劫的指控不能成立。

江苏省如东县人民法院依照《中华人民共和国刑法》第二百七十四条、第二十五条第一款、第二十六条第一款和第四款、第二十七条、第六十七条第三款之规定，作出如下判决：

一、被告人孙某犯敲诈勒索罪，判处有期徒刑四年六个月，并处罚金人民币5万元；

二、被告人于某雪犯敲诈勒索罪，判处有期徒刑三年，并处罚金人民币3

万元；

三、被告人马某飞犯敲诈勒索罪，判处有期徒刑三年三个月，并处罚金人民币2万元。

一审宣判后，被告人孙某、于某雪、马某飞均未提起上诉，检察机关未提起抗诉，该判决已发生法律效力。

【法官后语】

一、抢劫罪与敲诈勒索罪通过“两个当场”标准区分的弊端

“两个当场”的通说一般认为：抢劫罪的“当场实施暴力”，是指行为人实施暴力或者具备随时实施暴力的可能性，无论行为人是否实际实施了暴力，其行为中的暴力型特征都极为明显；且暴力意在直接侵害被害人的生命权、身体权、健康权，具有明确的指向性。“当场取得财物”，是指劫取财物应在同一时间、同一地点（在一些案件中，劫取财物的时间、地点具有延伸性。只要是行为人的暴力、威胁行为导致被害人处于意思表示不自由的状态，即使劫取财物和实施暴力之间的时间、空间发生转变，也可以认定为“当场取得财物”）。因为行为人“当场实施暴力”，对被害人的人身权利实施侵害，导致被害人丧失向外界求救的可能性，因此才能推导出被害人丧失处分财产的自由。“当场取得财物”同时也说明被害人交付财物的紧迫性，可以从侧面印证行为人的暴力程度。但是该通说标准仍然只是对司法实践中的抢劫案件的共性特点的经验总结，尚未探究到抢劫罪的实质。在敲诈勒索案件中，也可能存在“两个当场”的情形，如本案就是该情形，本案行为人实施暴力且被害人交付财物，但是在案证据表明被害人并未彻底丧失财产处分意志自由。所以，抢劫罪具备“两个当场”的形式，但具备“两个当场”的形式不一定构成抢劫罪。

二、抢劫罪的实质在于暴力行为使被害人彻底丧失财产处分意志自由

在司法实践中，不排除行为人实施暴力后取财，但是被害人只是出于其他原因而交付财物的情形。如行为人（债权人）向被害人索要逾期债务的不当巨额罚息，被害人拒绝后，行为人遂对其拳打脚踢，并威胁否则将把其隐私公之于众，被害人出于隐私考量便当场筹措给付。虽然行为人实施了侵害被害人身

体的行为，但被害人交付财物的真实原因是担心名誉受损，而并非慑于行为人的暴力严重压迫。由此可见，即使在行为人当场实施了暴力，或者被害人遭到行为人的暴力侵犯后出于其他考虑（担心名声受损等）而自愿处分财物等场合，虽然也符合“两个当场”的形式，但其行为更符合敲诈勒索的构成要件。因为此时刑法所保护的被害人人身安全与合法财产权益并未遭受严重侵犯，被害人仍然有选择余地，只要放弃名誉权益其仍然具备财产相对处分自由。

换言之，敲诈勒索罪与抢劫罪的本质差异就体现在暴力及其作用结果的差异上。一是实施暴力的目的不同。抢劫罪中暴力的目的是以绝对的武力排除被害人可能实施的一切反抗，使其彻底丧失财产处分意志，直接或放任地对被害人实施杀、伤行为；敲诈勒索罪中暴力的目的是使被害人产生心理压力的一种手段，暴力并非必要的，即使有暴力也是轻微的。二是暴力针对的对象不同。抢劫罪的暴力是直接侵害被害人的生命权、身体权、健康权。相比较而言，敲诈勒索罪的暴力针对的对象更为广泛，不仅包括直接针对被害人人身实施的侵害，也包括针对被害人其他权利实施的侵害。三是暴力实施的程度不同。敲诈勒索中的暴力较抢劫明显轻微。

在本案中，表面上，三个年轻力壮的男性持水果刀在晚上六点进入被害人家中，被害人年满60周岁且有心脏疾病，从力量的强弱对比可以体现行为人的暴力程度。但同时，行为人人生地不熟，三人买刀的主观目的是更好地要债，达到现场后将刀收入包内。在被害人身体不适时，还为其倒水、喂药。整个过程，行为人与被害人均是围绕如何还钱进行协商，被害人未因先前暴力行为彻底丧失财产处分意志自由。

编写人：江苏省如东县人民法院　高沿江　汪桂苏

16

公民个人信息可识别性的认定

——马某某、雷某某侵犯公民个人信息案

【案件基本信息】

1. 裁判书字号

江苏省苏州市中级人民法院（2021）苏05刑终143号刑事裁定书

2. 案由：侵犯公民个人信息罪

【基本案情】

2018年12月底至2019年3月，被告人马某某先后多次通过聊天软件，将其掌握的具有网贷需求群体的，包含居民身份证号码、银行账号、学历、是否缴存公积金、社保等信息的73959条公民个人信息出售给雷某某牟利，违法所得共计36980元。此外，被告人马某某将41万余条手机裸号（即不包含其他信息的单纯11位数字的手机号码）出售给雷某某，违法所得14636元；将20万余条手机裸号出售给“老师”，违法所得20500元。

【案件焦点】

手机裸号能否认定为公民个人信息。

【法院裁判要旨】

江苏省苏州市姑苏区人民法院经审理认为：根据《最高人民法院、最高人民检察院关于办理侵犯公民个人信息刑事案件适用法律若干问题的解释》（以下简称《解释》）的规定，公民个人信息的内涵在于与特定自然人相关联，就本案涉及的手机裸号而言，能否认定为公民个人信息需结合信息本身的可识别

程度作出判断。首先，手机裸号不能够单独识别特定自然人。虽然我国手机号码已全面实行实名制，每一个手机号码必然对应相关自然人，但非经法定程序进行查询，普通公众无法通过常规、合理的途径直接识别出特定自然人。其次，手机裸号至少需结合姓名或与姓名对应的其他重要或者较多的个人信息才能具体识别特定自然人身份。再次，从被告人的主观目的看，本案中的手机号码均是经筛选具有网贷需求的特定群体的信息，被告人主观上也并不追求每个手机号码背后所关联的特定自然人，其目的仅在于使其交易对象能够与他人建立联系，并以出售手机号码牟利。最后，从危害后果看，本案信息用途在于网贷推销，此类推销行为势必对个人生活造成打扰，但仅凭手机裸号无法形成针对特定自然人详细而准确的整体信息，此时此类信息对个人生活安宁的侵扰程度、对个人人身、财产安全造成的风险均较低，在本案中尚未达到需以刑罚处罚的程度。综上，本案中的手机裸号不属于公民个人信息，在认定信息数量时应当予以剔除。江苏省苏州市姑苏区人民法院作出如下判决：

被告人马某某犯侵犯公民个人信息罪，判处其有期徒刑三年，并处罚金人民币 37000 元。

一审判决后被告人提起上诉，后向江苏省苏州市中级人民法院申请撤回上诉，江苏省苏州市中级人民法院作出如下裁定：

准许上诉人马某某撤回上诉。

【法官后语】

《解释》第一条对“公民个人信息”的范围作了规定。“公民个人信息”是指以电子或者其他方式记录的能够单独或者与其他信息结合识别特定自然人身份或者反映特定自然人活动情况的各种信息，包括姓名、身份证件号码、通信通讯联系方式、住址、账号密码、财产状况、行踪轨迹等。从规范指引来看，《解释》以“可识别性”的限定与不完全列举的方式界定了公民个人信息的范围，在适用中有时会存在争议。以本案行为对象为例，侵犯公民个人信息案件涉及的手机裸号能否认定为公民个人信息，存在不同观点。有观点认为，在实行电话号码实名制登记的背景下，手机裸号结合其登记信息足以识别特定自然人的身份，因此手机裸号属于刑法意义上的公民个人信息。不同观点差异体现出当前司法实务在公民个人信息可识别性的认定上存在分歧。一方面，如何对识别“特定自然人身份”进行准确解释？换言之，案涉信息须识别到何种程度方能认定为可以识别特定自然人身份？另一方面，随着网络社会时代的发展，无论是技术上还是理论上已不存在完全不具有识别可能性的信息，尤其在当前多数为处理“间接型”可识别信息（与其他信息结合识别的信息）的行为场景下，如何合理限定行为人“结合识别”特定自然人身份的现实难度，对准确认定犯罪显得极为重要。对此，本案的裁判要点具有参考价值，其对公民个人信息可识别性认定规则的有效构建，主要有以下三个方面的启示。

首先，坚持以识别主体的不同对识别性作动态认定的立场。识别主体即行为人。识别是一种极主观的活动，不同的识别主体对识别特定自然人身份的要求、条件、能力均不相同。例如，小区物业仅依据房号就能够清楚识别业主的身份信息，但对于一般人而言，该房号信息仅是一串无意义的数字，不存在识别可能性。本案中实名制下的手机裸号的确会对应某一自然人，对于手机实名登记的主体来说，其能够结合实名登记簿完成号码所属自然人的身份识别，但对一般群体而言，仅凭手机裸号难以实现识别该自然人身份的目的。因此，对公民个人信息可识别性的认定理应从识别主体的立场出发作动态认定。

其次，将国家认证的身份适用于公民个人信息的识别程度认定。信息具有身份识别性，即依据信息可以使某人在群体中实现个体化，通俗来讲，就是明确“是谁”。身份具有自然属性与社会属性，自然属性的立场下包含个人的姓名、性别、身份证号等自然形成或由国家认证且无须与他人产生联系而形成的身份要素。在社会属性的立场下则包含因对外社会关系而产生的，如亲友关系、上下级关系、同事关系、名誉头衔等身份要素。一般认为，国家认证的身份才能实现法律意义上的身份识别，对于其他身份要素，虽然在各自使用范围内也具有独特性，但由于认证主体缺乏国家权威性，在法律意义上只有通过与国家认证身份要素的结合，才能联系和识别特定自然人身份。就本案而言，手机裸号至少需结合姓名或与姓名对应的其他重要或者较多的个人信息才能具体识别特定自然人身份。因此，手机裸号显然未达到识别出国家认证的身份信息的程度，不能够认定其具有特定自然人身份的可识别性。

最后，围绕识别手段、识别成本及识别节点对识别难度予以限制。其一，在对具体信息作可识别性认定的时候，应当考虑识别主体能否通过合法的手段对涉案信息完成特定自然人的身份识别，而不能将非法手段纳入识别主体的识别可能性判断，否则公民个人信息的认定范围将失去边界。本案中，手机号码实名制下，非经法定程序进行查询，普通公众无法通过常规、合理的途径直接识别出特定自然人，即明确了识别手段以合法为限的认定规则。其二，在对涉案信息进行识别性认定时，应以识别成本的合理性作为要素予以考量。识别成本即识别主体根据信息为识别特定自然人身份，所耗费的各项资源，包括但不限于时间、金钱、专业知识和人力等要素。对于识别成本超出行为人实现目的所能承受的合理成本范围的信息，识别活动几乎不可能发生。其三，在间接型可识别信息的认定中，识别节点应以识别主体控制的信息资料为限。在现实生活中，除少数经国家认证的身份信息可以直接识别自然人身份，属于直接型可识别信息外，大量信息需要结合国家认证的身份要素方能实现识别。由于信息间的关联性与算法技术的提高，只要存在足够多的识别节点，不存在无法结合识别的间接型可识别信息。从识别过程出发进行分析，尽管识别节点越多，结合识别的可能性就越大，但事实上，识别主体的识别资料仅为自己已经控制或能够控制的信息资料，超出这个识别资料的范围，所谓的尽可能多的识别节点仅存在于理论上，不具有现实可行性。本案中，虽然手机裸号在结合实名登记簿信息时可以识别特定自然人身份，但行为人仅控制手机裸号信息，对涉案手机裸号进行可识别性的认定时，应以行为人控制的信息资料为限进行合理判断，而不能随意延伸识别节点。

此外，本案裁判要旨还对行为人的主观目的与行为的危害后果予以了关注。对于行为人主观并不追求识别特定自然人身份的，以及信息对个人生活安宁的侵扰程度低，对个人人身、财产造成的风险小的情况，从法益侵害角度对相关行为的出罪予以佐证，从而为公民个人信息可识别性认定的规则构建与裁判理由的完善提供更多依据。

编写人：最高人民法院司法案例研究院与湖南大学联合培养实习生　赖若涵

17

非法持有毒品罪与窝藏毒品罪认定的区分

——方某某窝藏、转移毒品案

【案件基本信息】

1. 裁判书字号

广西壮族自治区高级人民法院（2021）桂刑终145号刑事判决书

2. 案由：窝藏、转移毒品罪

【基本案情】

方某某与何某某系夫妻关系。2019年8月24日至30日，何某某与其他同案人在倒水镇窝点制造毒品。30日，何某某等发现有无人机在制毒窝点上空侦查，即于当天撤离该窝点。在撤离过程中何某某（另案处理）发现两个矿泉水瓶装的液体毒品没有搬走，就扣了下来，并于两天后联系方某某到某小学附近将该两瓶液体交给方某某。方某某将该两瓶液体收藏于某工地黄某的宿舍。案发后，公安机关从上述地点查扣两瓶液体。经称量，分别净重1556克、1576.34克；各取样40毫升送检，均检出甲基苯丙胺，含量分别为27.6%、34.1%。

【案件焦点】

方某某藏匿毒品的行为应认定为非法持有毒品罪还是窝藏、转移毒品罪。

【法院裁判要旨】

广西壮族自治区梧州市中级人民法院经审理认为：被告人方某某违反国家对毒品的管理规定，非法持有毒品甲基苯丙胺数量大，构成非法持有毒品罪。依照《中华人民共和国刑法》第三百四十八条规定，作出如下判决：

被告人方某某犯非法持有毒品罪，判处有期徒刑八年，并处罚金人民币6万元。

方某某不服一审判决，提起上诉。

广西壮族自治区高级人民法院经审理认为：本案有证据证明方某某非法持有毒品的目的是为制造毒品的何某某窝藏、转移毒品，应认定为构成窝藏、转移毒品罪，而非非法持有毒品罪。依照《中华人民共和国刑法》第三百四十九条第一款和《最高人民法院关于审理毒品犯罪案件适用法律若干问题的解释》第六条第二款第一项以及《中华人民共和国刑事诉讼法》第二百三十六条第一款第二项之规定，作出如下判决：

一、撤销广西壮族自治区梧州市中级人民法院（2020）桂04刑初9、10、12、11、18、19号刑事判决，即："十八、被告人方某某犯非法持有毒品罪，判处有期徒刑八年，并处罚金人民币六万元"；

二、上诉人方某某犯窝藏、转移毒品罪，判处有期徒刑三年。

【法官后语】

本案的审理要点在于被告人方某某藏匿毒品的行为应认定为非法持有毒品罪还是窝藏毒品罪。所谓窝藏毒品罪，是指行为人为走私、贩卖、运输、制造毒品的犯罪分子实施窝藏毒品的行为；所谓非法持有毒品罪，是指明知是毒品而非法持有且数量较大的行为。要构成窝藏毒品罪，行为人客观上必然表现为非法持有毒品，并支配或者控制了毒品，行为人窝藏毒品的过程就是非法持有毒品的过程，窝藏毒品也是持有毒品的一种表现，二者属于法条竞合关系。所以准确认定行为人窝藏毒品罪和非法持有毒品罪，有助于司法实践中统一审判标准、正确定罪量刑有着重大意义。

首先，二审法院对被告人方某某藏匿毒品的行为性质的重新认定可以从非法持有毒品罪和窝藏毒品罪的立法目的、保护法益两方面进行分析：一方面，非法持有毒品罪和窝藏毒品罪立法目的不同。非法持有毒品罪是因为在司法实践中毒品犯罪的取证困难以及为遏制毒品犯罪需要而设立，属于毒品犯罪中的兜底罪名，因此如果可以查清非法持有毒品目的，就应当以其他罪名处理。只有在现有证据不能认定是为了走私、贩卖、运输或者窝藏毒品犯罪才构成非法持有毒品罪。另一方面，非法持有毒品罪和窝藏毒品罪保护法益不同。从两罪的犯罪客体来看，非法持有毒品罪的犯罪客体是国家对毒品的管理秩序和公众的健康；窝藏、转移毒品罪的犯罪客体是侵犯的客体是国家对毒品的管制和国家司法机关的正常活动。

由此可见，两罪的立法目的、保护法益完全不同，也因此决定了两罪量刑上的巨大差异。就本案来说，被告人方某某收藏的毒品分别净重1556克、1576.34克，其中甲基苯丙胺含量分别为27.6%、34.1%。无论是否考虑毒品纯度问题，方某某都符合《中华人民共和国刑法》（以下简称《刑法》）第三百四十八条第一款的规定，非法持有鸦片1000克以上、海洛因或者甲基苯丙胺50克以上或者其他毒品数量大的，处七年以上有期徒刑或者无期徒刑，并处罚金。一审法院据此认定方某某行为系非法持有毒品罪，判处较重的八年有期徒刑，并处罚金人民币6万元。然而，本案有证据证明方某某非法持有毒品的目的是为制造毒品的何某某窝藏、转移毒品，方某某窝藏毒品的行为是为了帮助何某某摆脱法律制裁，侵犯了国家对毒品的管制和国家司法机关的正常活动但并不危及公众健康，对于非法持有毒品罪保护的法益侵害甚微。从这一角度分析，二审改判方某某窝藏、转移毒品罪，体现了对不同法益的保护力度差异。《刑法》第三百四十九条规定，包庇走私、贩卖、运输、制造毒品的犯罪分子的，为犯罪分子窝藏、转移、隐瞒毒品或者犯罪所得的财物的，处三年以下有期徒刑、拘役或者管制；情节严重的，处三年以上十年以下有期徒刑。”二审法院据此改判方某某有期徒刑三年，更有利于在司法实践中实现罚当其罪，也在一定程度上体现了上诉不加刑原则。

其次，二审法院在本案审理中参阅了《刑事审判参考》第284号“黄某东非法持有毒品案”的裁判要点。该案例的裁判理由认为，明知是毒品而无合法理由持有，即为非法持有毒品。非法持有毒品罪的立法目的在于，对那些被查获的行为人，因非法持有数量较大的毒品，但又没有足够证据证明其犯有其他毒品犯罪而设的罪名。相反，如果确有足够证据证明被查获的毒品持有人具有其他毒品犯罪的目的，则应认定构成其他相关毒品罪。例如：(1) 如果行为人非法持有毒品的目的是本人或帮助他人走私、贩卖、制造、运输毒品的，应认定为构成走私、贩卖、制造、运输毒品罪（包括共犯），而非非法持有毒品罪。(2) 如果行为人非法持有毒品的目的是为他人转移、藏匿毒品的，应认定为构成转移、窝藏毒品罪，而非非法持有毒品罪。(3) 如果行为人非法持有毒品的目的是供自己吸食的，由于刑法不认为吸毒行为系犯罪，因此，一般可不定罪处罚。

可见，是否认定非法持有毒品罪，关键看有无足够证据证明毒品持有人是否具有上述主观目的，根据主客观一致原则区分窝藏毒品罪与非法持有毒品罪。当行为人主观上是帮助毒品犯罪分子逃避法律责任，也就是说行为人对被窝藏的犯罪分子及其毒品具备主观明知，则应当认定为窝藏毒品罪；当行为人主观上不具有帮助毒品犯罪分子逃避法律责任或者实施其他毒品犯罪目的，则应当认定为非法持有毒品罪。例如，本案中，毒品犯罪分子何某某为逃避侦查，将部分毒品交给方某某，方某某将毒品藏匿于黄某宿舍。方某某为何某某寻找毒品藏匿地点并藏匿毒品，有帮助何某某逃脱司法机关追究法律责任的目的，因此应当构成窝藏毒品罪；方某某没有将毒品置于流通的主观目的，不会构成运输毒品罪，而具有帮助何某某转移毒品的故意，故应当构成转移毒品罪。

最后，非法持有毒品罪作为涉及毒品犯罪的兜底性罪名，在无证据证明涉嫌其他毒品犯罪的情况下，为防止毒品流入社会造成更大的危害，持有毒品达到法定数量，应当以非法持有毒品罪定罪。本案中，在方某某藏匿毒品的行为同时构成窝藏毒品罪和非法持有毒品罪的情况下，应当采用特别法条优于一般法条原则，认定方某某窝藏毒品罪而非非法持有毒品罪。本案二审法院依照窝藏、转移毒品罪定罪量刑，既遵循法条竞合的处理原则，也符合主客观相一致原则和罪责刑相一致原则，更有利于非法持有毒品罪及窝藏毒品罪立法目的的实现。

编写人：最高人民法院司法案例研究院与湖南大学联合培养实习生　李俊一

18

强奸幼女应采接触说从重处罚

——葛某盅、颜某1强奸案

【案件基本信息】

1. 裁判书字号

河北省石家庄市中级人民法院（2020）冀01刑终427号刑事附带民事判决书

2. 案由：强奸罪

【基本案情】

2019年8月23日上午，被告人葛某盅到正定县颜某某家中，在客厅东卧室内，葛某盅明知颜某某系幼女，仍将手伸进其内裤摸其阴部，后又脱掉其内裤，用阴茎蹭其阴部。

2019年8月24日上午，被告人葛某盅再次到颜某某家中，在客厅东卧室内，脱掉颜某某内裤，用阴茎蹭其阴部。被告人葛某盅于2019年8月24日被传唤到案。

在审查起诉阶段，被告人签订了认罪认罚具结书，表示认罪认罚；庭审中，被告人亦表示认罪、认罚。

【案件焦点】

上诉人年满 76 周岁、如实供述罪行、认罪悔罪，一审量刑是否过重，是否应从轻判处。

【法院裁判要旨】

河北省正定县人民法院经审理认为：被告人葛某盅明知被害人颜某某系幼女，仍对其实施奸淫，其行为已构成强奸罪，应依法惩处。公诉机关指控被告人葛某盅犯强奸罪的事实清楚，证据确实充分，指控罪名成立。被告人葛某盅犯罪时已满七十五周岁，可以从轻或者减轻处罚；案发后，被告人葛某盅如实供述了其犯罪事实且自愿认罪、认罚，亦可从轻处罚。但其两次奸淫幼女，亦应酌情从重处罚。关于本案的定性。辩护人认为本案应定性为猥亵儿童罪。经查，依强奸罪既遂通说以及司法实务中，对于幼女，强奸既遂为接触说。本案中，被告人的供述与辩解，以及被害人颜某某的陈述，均称被告人用阴茎蹭了被害人阴部，故被告人已构成强奸罪（既遂）。因此，对此辩护意见不予采纳；其余辩护意见，与查明事实相符的，予以采纳。河北省正定县人民法院作出如下判决：

一、被告人葛某盅犯强奸罪，判处其有期徒刑四年；

二、驳回附带民事诉讼原告人颜某某的诉讼请求。

一审判决后，被告人提起上诉，公诉机关提起抗诉。

河北省石家庄市中级人民法院经审理认为：上诉人葛某盅明知被害人颜某某系幼女，仍对其实施奸淫，其行为已构成强奸罪，依法应予惩处。上诉人葛某盅犯罪时已满七十五周岁，可以从轻或者减轻处罚。上诉人葛某盅明知被害人为未满十二周岁的幼女，先后两次进入被害人住所实施奸淫行为，犯罪动机卑劣，性质、情节恶劣，严重侵害了未成年人的身心健康，依法应当从重处罚。原判认定原审被告人葛某盅犯强奸罪的事实清楚，审理程序合法，但量刑不当，应予纠正。公诉机关的抗诉意见，本院予以采纳。上诉人葛某盅上诉理据不足，本院不予支持。依照《中华人民共和国刑事诉讼法》第二百三十六条第一款第一项和第二项、第二百四十四条之规定，作出如下判决：

一、驳回上诉人葛某盅的上诉；

二、维持河北省正定县人民法院（2019）冀0123刑初563号刑事附带民事判决书的第二项，即“二、驳回附带民事诉讼原告人颜某某的诉讼请求”；

三、撤销河北省正定县人民法院（2019）冀0123刑初563号刑事附带民事判决书第一项，即“一、被告人葛某盅犯强奸罪，判处其有期徒刑四年；

四、原审被告人葛某盅犯强奸罪，判处有期徒刑六年。

【法官后语】

本案中，被告人葛某盅多次对被害人实施严重性侵犯行为，已构成强奸罪，应予严惩。类案的裁判理由及相关法律的理解适用，可参考以下思路。

一、幼女为被害人时，强奸罪的认定应采接触说

1. 理解强奸幼女型强奸罪保护客体的实质内涵

强奸罪的客体是妇女的性权利。强奸行为就是强制侵犯妇女性权利的犯罪行为。虽然一般认为性权利自生命始即存在，但对于不满十四周岁的幼女而言，性权利并非如生命权、财产权等较易理解。也有观点认为，应当将奸淫幼女所指向的客体限定为“性交权利”，以“插入说”限缩强奸罪入罪。但该观点与刑事立法的精神相违背，原因在于幼女的性权利意识和支配能力的养成往往需要较长时间，幼女一般不具有认识、反抗性侵犯行为的足够能力，如简单以性交权利的字面意义解释奸淫幼女行为，实际上限缩了刑法保护幼女的空间，不符合强奸罪保护女性性权利的初衷；而且，狭义性交行为的实行在幼女生理上具有一定限制性，以插入说论罪不合保护幼女的实际需要，自然生理体征所导致的进一步插入困难，不能以简单的对象不能犯理论进行未遂处理，部分学说陷入了对于教义学的理论崇拜，忽略了性侵犯对被害人造成的伤害和侵犯幼女造成的恶劣社会影响。本案中，据证言（事发后证人询问被害人）显示，“我问杵她了吗，她说杵了”。可见，在幼女的认知上，接触和插入并没有明确界限，皆为对性器官的严重侵犯，实际上给幼女带来的耻辱感、被侵犯感基本等同，如以插入说为入罪标准，是不当地拔高了幼女的心理承受阈值，无法体现刑法力求保护女性、保护未成年人的实质内涵。因此，强奸罪保护的客体具体

至幼女来看，应当尽量结合立法精神，做适当的解释。对幼女实施接触性性行为，事实上已经构成对性权利的严重侵犯，对幼女的心理已造成严重创伤，符合强奸罪的客体实质内涵。

2. 通说适用的基础是打击此类恶性故意犯罪必然选择

适用接触说能更好地匹配各种复杂案情。本案中，犯罪嫌疑人的供述和被害人相关陈述既可以表明犯罪人具有奸淫的主观意志和进行剧烈行为甚至插入的实际尝试，又可以表明被害人受侵犯的程度，与一般意义上的强制猥亵行为相比，实则更具性交意味。如此种案情亦按照一般标准，以插入说入罪，无法应对此类情况（无插入，但其剧烈行为已严重伤害了幼女）。适用接触说定罪，不仅仅能够打击本案或类案恶性犯罪的犯罪嫌疑人，更能防止潜在犯罪者利用接触和插入的区别空当，利用幼女不懂、不敢的幼小心灵，对幼女进行类似侵犯。

二、年满七十五岁并非从轻或减轻处罚的当然理由。

首先，以一审判处有期徒刑四年的判罚对比强奸罪的法定刑，结合其多次侵犯幼女但并未插入等实际情况来看，并非量刑过重，而明显能体会到各类从轻情节的适用。其次，依刑法规定，上诉人葛某盅犯罪时已满七十五周岁，“可以”从轻或者减轻处罚，并非“应当”。年满七十五周岁可从轻或减轻处罚的条款本质是体恤老年人无心行为，或者轻微犯罪的特殊条款。结合案情，上诉人葛某盅明知被害人为未满十二周岁的幼女，先后多次进入被害人住所实施奸淫行为，对幼女的生理和心理造成了难以磨灭的伤害。犯罪动机卑劣，性质、情节恶劣，依法应当从重处罚。综合来看，本案属于严重的恶性犯罪，不应对其适用年满七十五岁的从轻或减轻条款。

编写人：最高人民法院司法案例研究院与中央民族大学联合培养实习生　杜金啸

19

强奸罪、猥亵儿童罪中情节恶劣的认定

——王某军强奸、猥亵儿童案

【案件基本信息】

1. 裁判书字号

江苏省扬中市人民法院（2020）苏1182刑初334号刑事判决书

2. 案由：强奸罪、猥亵儿童罪

【基本案情】

一、强奸罪

2018年秋至2020年8月，被告人王某军在其租住地，不顾其女儿王某（2006年8月21日出生）的反抗，多次与其发生性关系。具体犯罪事实分述如下：

1. 2018年秋的一天晚上，被告人王某军在其租住地采取强行脱去衣物、压制反抗等手段，与王某发生性关系一次。

2. 2020年8月8日21时许，被告人王某军在其租住地采取强行脱去衣物、压制反抗等手段，与王某发生性关系一次，并在期间拍照。

3. 2020年8月14日晚，被告人王某军在其租住地意图与王某发生性关系，后因王某极力反抗，坐在地上不肯上床而未遂。

二、猥亵儿童罪

2016年至2020年8月，被告人王某军在其租住地，与王某共同生活期间，多次采用摸胸、抠摸下体、对着王某手淫等方式对王某实施猥亵。

【案件焦点】

强奸罪、猥亵儿童罪中，如何根据具体案情判断是否认定情节恶劣。

【法院裁判要旨】

江苏省扬中市人民法院经审理认为：被告人王某军丧失道德底线、无视法律，在共同生活期间多次以暴力及其他方法强奸其不满十四周岁的女儿，情节恶劣，其行为已构成强奸罪。被告人王某军在共同生活期间多次猥亵儿童其不满十四周岁的女儿，情节恶劣，其行为已构成猥亵儿童罪。江苏省扬中市人民检察院指控被告人王某军犯强奸罪、猥亵儿童罪的事实清楚，证据确实、充分，指控的罪名成立，本院予以支持。被告人王某军在判决宣告以前一人犯数罪，依法应当数罪并罚。被告人王某军在本院查明第三起强奸犯罪事实中已经着手实行犯罪，由于其意志以外的原因而未得逞，是犯罪未遂，依法可以比照既遂犯减轻处罚。案发后，被告人王某军能如实供述自己的犯罪事实，系坦白，依法可以从轻处罚。被告人王某军认罪认罚，可以依法从宽处理。

江苏省扬中市人民法院依照《中华人民共和国刑法》第二百三十六条第二款、第三款第一项、第二百三十七条、第二十三条、第六十七条第三款、第六十九条第一款和第三款之规定，作出如下判决：

被告人王某军犯强奸罪，判处有期徒刑九年；犯猥亵儿童罪，判处有期徒刑五年。数罪并罚，决定执行有期徒刑十二年。

一审判决后，被告人未提起上诉，检察机关未提起抗诉，该判决已发生法律效力。

【法官后语】

被告人王某军对指控强奸罪、猥亵儿童罪的事实没有异议，但法院在审理过程中，就能否认定“奸淫幼女情节恶劣”“猥亵儿童情节恶劣”存在以下两种观点。

第一种观点认为，本案不宜认定为“奸淫幼女情节恶劣”“猥亵儿童情节恶劣”。理由如下：被告人王某军对指控强奸罪、猥亵儿童罪的事实没有异议，具体结合其他证据能够证实基本犯罪事实，依法应当认定被告人王某军的行为分别构成强奸罪、猥亵儿童罪。相关司法解释并未明确“奸淫幼女情节恶劣”“猥亵儿童情节恶劣”的具体构成，对照《最高人民法院、最高人民检察院、公安部、司法部关于依法惩治性侵害未成年人犯罪的意见》（以下简称《性侵意见》），应对被告人王某军从严惩处，裁判时亦应当本着刑法的谦抑性不可贸然认定情节恶劣。

第二种观点认为，本案可以认定为“奸淫幼女情节恶劣”“猥亵儿童情节恶劣”。理由如下：被告人王某军身为被害人的生父，丧失道德底线、无视法律，在共同家庭生活中，多次对不满十四周岁的被害人实施强奸、猥亵行为。被告人王某军的行为符合《性侵意见》中规定的多种从严惩处情形，可以认定“奸淫幼女情节恶劣”“猥亵儿童情节恶劣”。特别是2021年3月1日起施行的《中华人民共和国刑法修正案（十一）》将多次猥亵儿童直接规定量刑五年以上有期徒刑，这与本案中认定猥亵儿童情节恶劣量刑五年以上有期徒刑是不谋而合的，如此认定具有一定的前瞻性。

笔者倾向于第二种观点，符合《性侵意见》中多种从严惩处的情形，可以认定为“奸淫幼女情节恶劣”“猥亵儿童情节恶劣”。具体分析如下。

1. 被告人王某军明知被害人系幼女

有观点认为，《中华人民共和国刑法》第二百三十六条第二款仅规定，奸淫不满十四周岁的幼女的，以强奸罪论，并未要求行为人应当明知对方系幼女。我们认为对此不能局限于刑法分则条文的字面规定作简单的文义理解，而应当结合刑法总则关于犯罪故意的规定进行分析。同时《性侵意见》第十九条“知道或者应当知道对方是不满十四周岁的幼女，而实施奸淫等性侵害行为的，应当认定对方是幼女”的规定，再次肯定了“明知”被害人系幼女是构成该类强奸罪的主观要件。被告人王某军和被害人系父女关系，明知被害人不满十四周岁而发生性关系，被害人缺乏承诺能力无法行使性自主权，依法以强奸罪论处。

2. 被告人王某军与被害人具有“共同家庭生活关系”

“共同家庭生活关系”顾名思义，也就是具有在一个家庭中共同生活的关系。所谓家庭，一般认为是指在婚姻关系、血缘关系、收养关系等基础上产生的，共同生活的人们所构成的社会生活单位，是具有血缘、婚姻、收养等关系的人们长期居住的共同群体。本案是比较典型的由法定父女关系组成的家庭，根据《性侵意见》的相关规定，有“共同家庭生活关系”的人实施强奸、猥亵儿童犯罪的，应当从严惩处。被告人王某军与被害人具有共同家庭生活关系，存在长期、稳定的抚养、监护关系，在此过程中实施犯罪应当从严惩处。

3. 被告人王某军基于父女关系，在共同家庭生活中多次实施强奸、猥亵儿童幼女的行为，应当认定为“奸淫幼女情节恶劣”“猥亵儿童情节恶劣”

需要指出的是，在本案猥亵儿童罪中，关键证据仅有被告人、被害人的言词证据予以证实，但综合双方的相处环境、生活习惯等，可以认定多次被告人王某军多次实施猥亵儿童的犯罪行为。基于前述分析，被告人王某军的犯罪行为符合《性侵意见》规定的多种应当从严惩处的情形，极大地侵害了被害人的身心健康，综合考虑被告人与被害人的关系、实施犯罪行为的地点与次数、被害人的年龄等因素，可以认定为“奸淫幼女情节恶劣”。

4. 被告人王某军犯强奸罪的法定刑应当为十年以上有期徒刑、无期徒刑或者死刑；犯猥亵儿童罪的法定刑为五年以上有期徒刑

考虑到多次、具有共同生活关系等情节综合认定“强奸情节恶劣”，但三次强奸中有一次未遂，所以在依法认定“强奸情节恶劣”情节成立的同时予以减轻处罚，量刑有期徒刑九年。认定被告人王某军“猥亵儿童情节恶劣”情节成立，量刑有期徒刑五年，数罪并罚决定执行有期徒刑十二年。本案中，被告人王某军具有坦白、认罪认罚等量刑情节，在法律没有规定的情况下综合考虑案件的特点认定“情节恶劣”，保持依法办案的“张力”，但在量刑时予以适当克制，保持刑法的谦抑性。

编写人：江苏省扬中市人民法院 王辉

20

精神病人刑事责任能力认定及间接故意杀人行为性质界定

——殷某帅故意杀人案

【案件基本信息】

1. 裁判书字号

山东省淄博市中级人民法院（2021）鲁03刑初10号刑事附带民事判决书

2. 案由：故意杀人罪

【基本案情】

2018年10月27日10时左右，被告人殷某帅因认为其邻居赵某章经常咳嗽影响其休息，携带单刃刀到赵某章家中，捅刺赵某章腹部一刀，致其肝脏、肝动脉破裂及肝静脉断裂致失血性死亡。作案后，被告人殷某帅借用手机拨打报警电话未通，后在家中被抓获。经鉴定，被告人殷某帅患有精神分裂症，作案时为限定刑事责任能力人。

【案件焦点】

精神病人刑事责任能力认定及间接故意杀人行为性质界定。

【法院裁判要旨】

山东省淄博市中级人民法院经审理认为：受侦查机关委托，某医院两名司法鉴定人员到公安局了解、提取案件材料及相关资料，对被告人殷某帅进行了询问，符合《司法鉴定程序通则》的规定，并综合病历、卷宗材料、有关人员反映的情况，依据相关规范对殷某帅进行精神检查，形成鉴定意见，仪器检查并不是精神疾病司法鉴定所必须。某医院精神疾病司法鉴定科及其鉴定人员均具法定资质，检材齐全、可靠、符合法律规定，鉴定程序合法，且所作鉴定意见一致，应予采信，认定被告人殷某帅作案时为限定刑事责任能力。被告人殷某帅因琐事对被害人心生不满，携带管制刀具至被害人住处，在被害人毫无防备情况下，猛捅其腹部，致被害人肝脏、肝动脉破裂及肝静脉断裂致失血性死亡，对被害人死亡持放任态度，符合间接故意杀人犯罪特征，应认定为故意杀人罪。案发后，被告人殷某帅虽使用他人手机拨打报警电话，但未有通话内容，后回到家中。本案系他人报警后，侦查机关经调查发现殷某帅系犯罪嫌疑人，遂组织警力在殷某帅家中将其抓获并传唤至公安机关，被告人殷某帅不符合自首的法定要件。被告人殷某帅故意非法剥夺他人生命，致一人死亡，其行为已构成故意杀人罪。被告人殷某帅系精神病人，作案时尚未完全丧失辨认和控制自己行为的能力，应当负刑事责任，但依法可从轻处罚；到案后如实供述犯罪事实，其亲属代为赔偿部分经济损失，可对其从轻处罚。

山东省淄博市中级人民法院依照《中华人民共和国刑法》第二百三十二条、第五十七条第一款、第六十一条、第六十四条、第六十七条第三款之规定，作出如下判决：

一、被告人殷某帅犯故意杀人罪，判处无期徒刑，剥夺政治权利终身；

二、作案工具单刃刀一把，予以没收。

一审宣判后，被告人未提起上诉，检察机关未提起抗诉，该判决已发生法律效力。

【法官后语】

本案主要涉及精神病人刑事责任能力认定以及故意杀人案中被告人行为性质界定问题，不论是刑法理论界还是司法实践中都存在争议。

一、关于精神病人刑事责任能力认定问题

本案中，对于被告人殷某帅患有精神分裂症没有争议，关键是其实施故意杀人犯罪时是否有辨认和控制自己的能力。对此，精神疾病司法鉴定机构作出了三份鉴定意见，其中一份为无刑事责任能力，其他两份为限定刑事责任能力。如何对不同鉴定意见审查、评判、取舍，应当把握以下两点。

1. 法官有对精神疾病司法鉴定意见进行审查、评判、取舍的职权

司法鉴定意见属于科学证据，对于同一鉴定事项有多个鉴定意见的，法官应当根据证据的合法性、客观性和关联性进行审查、评判，并按照科学性标准决定取舍，评定行为人作案时有无辨认、控制自己的能力。不能因为是专门机关作出的鉴定意见就盲目采信，也不能因为鉴定意见不同就无所适从。

2. 具体案件中，要以证据为依据，综合判断，依法认定。

本案中，从鉴定意见本身看，某医院精神疾病司法鉴定科及其鉴定人员均具法定资质，检材齐全、可靠、符合法律规定，鉴定程序合法，且所作鉴定意见一致。从被告人殷某帅辨认、控制能力看，作案前，有人遇见殷某帅，其能正常交流；作案对象系与自己有矛盾的人，事出有因；作案手段是持管制刀具捅刺被害人要害部位，对被害人死亡持放任态度；作案后离开，返回途中亦曾与村民有沟通，并借用手机拨通打过报警电话；被抓获后如实供述了作案全过程，语言表达清楚，逻辑思路清晰。但仅因认为被害人经常咳嗽影响其休息，即实施故意杀人行为，与受疾病影响，导致辨认及控制能力削弱有关，相关证据与鉴定意见能够印证，应当认定其作案时为限定刑事责任能力。

二、关于间接故意杀人行为性质界定问题

间接故意杀人是刑法理论上的一个概念，主要是指行为人明知自己的行为会发生危害他人生命的结果，虽然不希望但却放任其发生，又称为非直接故意、可能的故意、未必的故意等。根据刑法第十四条的规定，明知自己的行为会发生危害社会的结果，放任这种结果发生，就是刑法理论中的间接故意。间接故意包含两个因素：其一是认识因素，即行为人明知自己的行为可能或必然发生危害社会的后果；其二是意志因素，即行为人放任危害社会的结果的发生。所谓放任，是指有意纵容的态度，对危害社会的结果，既不积极追求，也不设法避免，危害社会的结果的发生也不违背其意愿。

间接故意杀人与故意伤害致死由于客观行为及危害结果表象相同，主观上又都实施了故意行为，使两罪界限不清，成为司法实践中棘手问题之一。对这种案件，要根据全案情况加以综合判断，不能简单地根据某一个事实作结论，

可以从案件起因、双方关系、有无预谋和准备、伤害部位、犯罪行为有无节制、事后态度和表现等方面综合起来分析，帮助认定被告人有无杀人的故意。司法实践中，对于持械行凶，不计后果，不顾被害人死活的案件，一般可按实际造成的结果定罪，把行为人主观上对会发生的后果的放任，同客观上造成的实际后果统一起来，体现主客观相一致的原则。如果间接故意杀人和故意伤害致死的界限确实难以分清的，按照有利于被告人原则，可按故意伤害致死认定。

编写人：山东省淄博市中级人民法院　张金 李晓晗

21

民间借贷纠纷与诈骗罪的界分

——贾某岳诈骗案

【案件基本信息】

1. 裁判书字号

山东省淄博市中级人民法院（2020）鲁03刑终52号刑事裁定书

2. 案由：诈骗罪

【基本案情】

被告人贾某岳明知所经营的企业负债数额巨大、本人及企业均没有任何资产、收入归还欠款的情况下，虚构其公司生产需购买塑料事由，承诺到2018年12月16日归还现金100万元的谎言，于2018年11月23日到位于某小区×××室的物流公司骗取该公司面额100万元的电子银行承兑汇票一张，并于当日兑现现金980500元，分别归还仝某凤欠款233 115元、李某芹欠款739 950元、姬某记欠款7 435元。

被告人贾某岳于2018年12月29日、2019年1月12日、1月20日、1月

22日、2月4日分五笔通过其儿子贾某强的银行账户向陈某华的银行账户转款5万元、2万元、2万元、2万元、5万元、共计16万元。

被害单位物流公司的陈某华于2019年1月21日17时许到公安机关报案，公安机关经过初查于2019年1月23日进行立案侦查。

【案件焦点】

诈骗案中，民间借贷纠纷与诈骗罪的界别。

【法院裁判要旨】

山东省淄博市临淄区人民法院经审理认为：仅支持公诉机关的第一笔指控，被告人贾某岳明知所经营的企业负债数额巨大，本人及企业均没有资产、收入归还欠款的情况下，仍虚构以企业周转、购买材料的事由，骗取他人承兑汇票，并将银行承兑汇票于当日兑现现金用于归还欠款，数额特别巨大，其行为已构成诈骗罪。公诉机关指控的罪名成立，予以支持。对被告人贾某岳及辩护人发表的“被告人贾某岳不构成诈骗罪”的辩解、辩护意见，不予采纳。被告人贾某岳案发后退赔了被害人部分损失，可酌情从轻处罚。依据《中华人民共和国刑法》第二百六十六条、第五十二条、第五十三条、第六十一条、第六十四条之规定，作出如下判决：

被告人贾某岳犯诈骗罪，判处有期徒刑十一年，并处罚金人民币25万元。

贾某岳不服一审判决提起上诉。

山东省淄博市中级人民法院二审审理查明的事实和证据与原审一致，并同意一审法院裁判意见。依照《中华人民共和国刑事诉讼法》第二百三十六条第一款第一项之规定，作出如下裁定：

驳回上诉，维持原判。

【法官后语】

本案主要涉及民间借贷与诈骗罪的界分问题。

民间借贷是指双方当事人达成的书面或口头的借贷协议，因借款人不能按期归还借款而产生的民事纠纷。借贷双方因借贷协议而形成特定的债权债务关系，借贷关系属于民事法律关系。而诈骗罪是指以非法占有为目的，用虚构事实或隐瞒真相的方法，骗取数额较大公私财物的行为。诈骗罪与民间借贷纠纷，罪与非罪之间的区分关键在于行为人主观上是否具有非法占有公私财物的目的。而非法占有的目的，属于行为人主观上的心理活动，具有一定的隐蔽性，要从行为人实施的具体客观行为事实方面综合判断，从行为人与出借人的相互关系、借款原因、不能按期归还的原因、及借款的偿债能力多方面综合考虑，同时按照事前、事中和事后的各种主观因素进行整体判断。

本案中，法院认为对于起诉书指控的第二笔事实，根据在案徐某平的陈述、被告人贾某岳的供述、贾某岳妻子赵某霞名下的银行卡给徐某平的转账明细、贾某岳之子贾某强的银行卡给徐某平的转账明细能够证实，被告人贾某岳妻子赵某霞共计向徐某平转账汇款二十余笔，金额达500多万元，贾某岳之子贾某强给徐某平转款汇款3笔，金额达12.5万元。同时，自2016年至2019年2月起，赵某霞先后数次给徐某平转账汇款数额达数千万元，被告人贾某岳与徐某平存在多年连续的资金往来情况，该289万元承兑汇票仅系其中的一笔，公诉机关对被告人贾某岳诈骗徐某平289万元的指控证据不足，不予确认。

对于起诉书指控的第三笔事实，在案贾某军的陈述、被告人贾某岳的供述、贾某岳妻子赵某霞名下的银行卡给贾某军之妻代某芹的转账明细、人民法院(2019)鲁0305民初35号民事判决书能够证实被告人贾某岳与贾某军自2017年至2018年12月13日涉案40万元承兑汇票期间，双方一直存在连续的民间资金往来业务，期间被告人贾某岳之妻赵某霞数次给贾某军妻子代某芹转账汇款金额达千万元，2018年12月13日涉案40万元承兑汇票发生后，赵某霞也多次给贾某军之妻代某芹转账汇款数额近60万元，甚至涉案40万元承兑汇票发生后，贾某岳还与贾某军再次发生资金往来关系，该40万元承兑汇票仅系其中的一笔，公诉机关对被告人贾某岳诈骗贾某军该40万元承兑汇票的指控证据不足，不予确认。

对于起诉书指控的第四笔事实，在案被告人贾某岳妻子赵某霞名下的银行卡给田某昌转账交易明细能够证实被告人贾某岳与田某昌经营的国际贸易公司自 2017 开始存在买卖合同关系，并多次通过赵某霞的银行账户向田某昌支付货款，2018 年 12 月 18 日从国际贸易公司购买货物应系双方之间连续买卖合同关系的延续，同时，货到付款也系交易双方采取的合法的合同履行方式之一，仅以货到未付款不能认定合同一方具有诈骗的主观故意，公诉机关对被告人贾某岳虚构货到付款的方式骗取国际贸易公司货物的指控证据不足，不予确认。

编写人：山东省淄博市临淄区人民法院　张英斌

（二）犯罪的预备、未遂和中止

22

以危险方法危害公共安全罪中被告人的主观心态及犯罪中止的认定

——王某以危险方法危害公共安全案

【案件基本信息】

1. 裁判书字号

北京市顺义区人民法院（2021）京 0113 刑初 1165 号刑事判决书

2. 案由：以危险方法危害公共安全罪

【基本案情】

被告人王某离异后与其年幼的儿子一起生活，居住于某小区××号楼××单元××室。该房建筑面积约 55 平方米，室内结构为北边为厨房、卧室（厨房居西，卧室居东），南边为起居室，起居室与厨房、卧室之间为门厅和卫生间。2021

年4月8日21时许，被告人王某得知其子考试成绩不佳后感到失望与自责，又想到单亲母亲的辛苦，遂产生轻生想法。被告人王某将其子赶出家后，将门反锁，走进厨房，将连接天然气管道与燃气灶的软管下端从天然气管道上拔开，造成天然气泄漏。被告人王某回到卧室，躺在床上等死。几分钟后，被告人王某给当时的男朋友王某1打电话，称她管不了孩子，要自杀了。王某1当时正在某小区南门，在电话中劝导被告人王某别想不开，并告诉其很快就到家。后被告人王某思想转变，不再轻生。几分钟后，王某1到了被告人王某家门口，试图用指纹解锁入户房门，因门从里面反锁，没有打开。王某1从门外能闻到一股刺鼻的天然气味道，随后赶紧拍门大声呼喊，同层的××室邻居孟某鑫、××室邻居全某也各自从家中出来查看，王某1跟二位邻居说明情况，邻居跟王某1一起劝导被告人王某，王某1同时拨打110报警，因担心警察找不到位置，下楼等候民警。王某1刚下楼，被告人王某就将门打开，瘫坐在地上，孟某鑫、全某见状冲进了被告人王某家中查看情况，当时屋内能听见燃气泄漏的声音，同时可以闻到刺鼻的燃气味，全某进入被告人王某家厨房，关上阀门，孟某鑫打开了厨房、阳台、卧室的窗户通风。不一会儿王某1、民警、消防和社区工作人员赶到现场。因被告人王某的身体状况较差，民警当天未对被告人王某进行讯问或采取强制措施。2021年4月14日，民警在某小区遇到被告人王某，并将其传唤到案。

【案件焦点】

王某以释放天然气的方式自杀，对其行为会产生危害公共安全的主观心态及王某的犯罪形态认定。

【法院裁判要旨】

北京市顺义区人民法院经审理认为：被告人王某在拔掉天然气软管，造成天然气泄漏时，虽然其追求的直接目的是自杀，但其对天然气泄漏会对公共安全产生危害却不管不顾，放任天然气泄漏，其对危害公共安全存在放任的间接故意。被告人王某经人劝说后，思想转变，主动将门打开，邻居顺利将天然气阀门关闭，有效防止了危害公共安全的犯罪结果发生。而当时天然气泄漏时间较短，且在被告人王某开门之后，邻居很快顺利关闭了阀门，打开了门窗进行通风，有效防止了危害结果的发生。被告人王某与他人的协力行为共同防止了侵害结果的发生，可以成立犯罪中止。被告人王某的行为未造成财产损失和人员身体、性命受损，没有造成实际的损害，应当对被告人王某免予刑事处罚。北京市顺义区人民法院依照《中华人民共和国刑法》第一百一十四条、第二十四条、第六十七条第三款、第六十一条之规定，作出如下判决：

被告人王某犯以危险方法危害公共安全罪，免予刑事处罚。

一审宣判后，检察机关未提起抗诉，被告人王某未提起上诉，判决已发生法律效力。

【法官后语】

1. 以释放天然气的方式自杀，主观上应当明知自己的行为会产生危害公共安全的后果。以危险方法危害公共安全罪要求行为人对犯罪结果承担责任必须以“明知”为前提，实践中，为了最大限度地实现公平正义，行为人是否“明知”即能否认识到自身行为可能引发的危害结果应以类型化人（具有类似经验、知识水平等条件的人）的认识能力作为判断标准，根据类型化人的标准，行为人认识到危害行为会造成危害结果的发生时，危害行为应该纳入刑法的评价范围，行为人需要承担相应的刑事责任。具体到本案中，天然气为易燃易爆气体是生活常识，各级政府部门对天然气泄漏的危害经常宣传，新闻媒体对天然气泄漏引发的爆炸事故也时有报道。根据类型化人的标准，被告人王某，在居民楼中将自家天然气软管拔掉，将附近居民及建筑物置于现实紧迫的危险，对天然气泄漏会对产生危害公共安全的后果应当是明知的。被告人王某在拔掉天然气软管，造成天然气泄漏时，虽然追求的直接目的是自杀，但对天然气泄漏会对公共安全产生危害却不管不顾，其对危害公共安全存在持放任态度，符合间接故意的特点，其行为具有严重社会危害性，足以造成危害公共安全的危险状态，具有刑事可罚性，辩护人所持的被告人王某系过失犯罪的辩护意见无事实与法律依据。

2. 以危险方法危害公共安全罪存在犯罪未遂或者犯罪中止等未完成形态。刑法第一百一十四条规定的放火罪、决水罪、爆炸罪、投放危险物质罪、以危险方法危害公共安全罪在刑法理论上属于危险犯，进一步讲，是具体危险犯，要求行为人的行为导致事实层面实害结果发生的危险状态，如果危害行为造成了危险状态，危害行为构成危险犯的既遂，反之，则否。应当认为，危害状态的发生有一个发展过程，行为人着手实行犯罪后，并不一定立即达到足以导致实害结果发生的危险状态——着手与既遂之间有时间间隔差。具体危险犯必须以导致严重危害结果发生为前提，在认定危险犯时，必须首先判断危害行为是否导致了实害结果发生的危险状态，如果危害行为根本不足以导致实害结果发生的危险状态，危害行为不构成相应的危险犯，如果危害行为没有造成实际损害结果发生的危险状态，但具有发生危险的可能性时，可以构成危险犯的未遂，自动防止危险状态发生的，可以构成危险犯的中止。对于以释放天然气的方式危害公共安全的，空气中的天然气达到特定浓度时可引发爆炸风险，行为人造成燃气泄漏达到此临界值，成立以危险方法危害公共安全罪的犯罪既遂，当因其意志以外的原因使天然气泄漏时间较短未能达到此浓度时，成立本罪的未遂，行为人自动关闭阀门使燃气浓度小于临界值时，成立本罪的中止。

3. 行为人与他人共同协力防止了犯罪结果发生，可以成立犯罪中止。中止行为的认定是为了减轻行为人的罪责，因行为人自动放弃犯罪或有效防止犯罪结果发生，主观恶性及社会危害性明显减小，刑罚特殊预防的必要性随之减弱，如果机械地要求中止行为与危害结果未发生之间具有全部因果关系，反而不利于激励行为人在犯罪过程中积极中止犯罪行为，因此只要行为人为有效防止犯罪结果的发生作出了真诚的努力即可成立犯罪中止，不要求行为人独立完成此过程。换句话说，即便中止行为有他人行为介入，依旧不影响对中止行为有效性的认定。事实上，很多中止行为都要求有第三人行为的加入才能有效防止犯罪结果的发生，如故意杀人案件中，行为人将被害人砍成重伤，在被害人的哀求下，行为人将被害人送进医院抢救，被害人在医生的抢救治疗下转危为安，行为人将被害人送医与医生的抢救行为共同防止了被害人死亡结果的发生，行为人成立故意杀人罪的中止。本案中，被告人王某经人劝说后，不再轻生，主动将门打开，告知男友和邻居自己将厨房天然气软管拔掉的事实，邻居对王某房屋结构比较了解，很快顺利地关闭了阀门，打开门窗通风，共同防止了危险状态的发生，考虑到王某当时的身体状态，其主动开门的行为可以认定为犯罪结果未发生作出了真挚的努力，具备犯罪中止有效性的要求。被告人王某开门行为系其思想转变后的主动作为，体现了其主动回归正常的法秩序的意愿，符合犯罪中止成立的自动性要求。被告人王某开门之时天然气泄漏时间较短，室内燃气浓度尚未达到导致爆炸的危险状态，符合中止成立的时间性要求。据此，被告人王某成立以危险方法危害公共安全罪的中止。根据刑法第二十四条的规定，对于中止犯，没有造成损害的，应当免除处罚。本案中，被告人王某的行为未造成财产损失和人员身体、性命受损，也没有造成小区严重的秩序混乱，故顺义区人民法院对被告人王某免予刑事处罚的判决法律适用正确，量刑适当。

编写人：北京市顺义区人民法院　赵仁洋　李杭

23

故意杀人未遂犯判处死刑的认定标准

——李某文故意杀人案

【案件基本信息】

1. 裁判书字号

广西壮族自治区高级人民法院（2020）桂刑终393号刑事裁定书

2. 案由：故意杀人罪

【基本案情】

被告人李某文于2019年9月1日与中心小学签订《学校保安聘用合同》，为该校的自聘保安，其工作职责为负责学校安全保卫、校内师生人身财产安全等。李某文因工作值班问题和生活琐事与同事黄某灿发生矛盾，并因患腰椎疾病等需请假事宜对学校副校长黎某强产生不满，从而对二人心存怨恨，萌生报复砍杀二人的念头。2020年6月4日早上，李某文在某学校教师宿舍其住处留下一张书写有“丽妹照顾好大嫂，二婶、三婶照顾好大嫂”“开始时，黎校不批假”“请陈校交给亲人”等字样的纸条。8时许，李某文用布袋装好四把菜刀，从校内教师宿舍走到学校后门的门卫室，在门卫室值班的被害人黄某灿（男，时年64岁）还与李某文开玩笑，李某文趁黄某灿不备，拿出一把菜刀朝黄某灿的头部猛砍一刀，菜刀嵌在黄某灿头部，黄某灿起身跑出门卫室。后李某文离开门卫室，听到校内幼儿园教学楼二楼学生早餐期间的吵闹声，认为学生声音刺激到他，便上到二楼，从布袋内拿出其中的一把菜刀，先冲入幼儿园大二班教室（57个学生），挥刀朝学生追砍，分别砍中被害人陈某杰（男，时年7岁）等25名学生的头部、颈部等部位，再冲入大一班教室（58个学生），挥刀朝学生追砍，分别砍中被害人冯某炫（男，时年6岁）等11名学生的头部、颈部等部位，同时还致使幼儿黄某斌（男，时年6岁）、邹某荧（女，时年6岁）在躲避砍杀的过程中，摔倒擦伤。被害人吴某瑶（女，时年40岁）老师用凳子进行阻止，也被李某文砍伤。后李某文下楼见到黄某灿，又继续对黄某灿进行追砍。随后，李某文走到校内的操场处，见到被害人黎某强（男，时年57岁）在救护被砍伤的学生，黎某强对其进行劝阻，李某文不予理会，冲上前去朝黎某强的头部、背部连砍数刀。黎某强与李某文进行搏斗，阻止李某文继续行凶，闻讯赶到的邹某辉、高某富老师分别拿钢叉、椅子围住李某文，将李某文控制在花圃处，李某文手持菜刀后退，因自身体力不支，在花圃边坐下。随后公安人员赶到现场将李某文抓获。

经鉴定，黎某强的伤情构成重伤二级；冯某炫等7人的伤情构成轻伤一级；黄某灿、梁某萱等23人的伤情构成轻伤二级；吴某瑶、黄某玲等10人的伤情为轻微伤。

【案件焦点】

对手段极其残忍、罪行极其严重的故意杀人未遂犯，能否适用死刑立即执行。

【法院裁判要旨】

广西壮族自治区梧州市中级人民法院经审理认为：被告人李某文持刀在校园内肆意砍杀多名师生，故意非法剥夺他人生命，致1人重伤二级、7人轻伤一级，23人轻伤二级，10人轻微伤，其行为已触犯《中华人民共和国刑法》第二百三十二条之规定，构成故意杀人罪。李某文犯罪动机极其卑劣，犯罪性质、情节极其严重，手段特别残暴，情节特别恶劣，社会危害、影响极大，依法应予严惩。李某文持刀杀人虽然未造成被害人死亡的后果，是犯罪未遂，但结合本案的实际情况，对其行为不比照既遂犯从轻或者减轻处罚。

广西壮族自治区梧州市中级人民法院依照《中华人民共和国刑法》第二百三十二条、第二十三条第一款、第四十八条、第五十七条第一款、第六十四条，作出如下判决：

一、被告人李某文犯故意杀人罪，判处死刑，剥夺政治权利终身；

二、公安机关扣押的作案工具菜刀四把，蓝色布袋一个，人民币一百元，予以没收，存档备案。

李某文不服提起上诉。广西壮族自治区高级人民法院经审理认为：上诉人李某文严重破坏学校安全稳定秩序和安保人员职业底线，持刀在校园内肆意砍杀毫无自卫能力的学龄前儿童和其他教师共41人，故意非法剥夺他人生命，致1人重伤二级、7人轻伤一级，23人轻伤二级，10人轻微伤，其行为已构成故意杀人罪。李某文故意蓄谋杀人，犯罪动机卑劣，手段特别残忍，后果极其严重，人身危险性极大，依法不对其从轻处罚。

广西壮族自治区高级人民法院依照《中华人民共和国刑法》第二百三十二条、第二十三条第一款、第四十八条、第五十七条第一款、第六十四条和《中华人民共和国刑事诉讼法》第二百三十六条第一款第一项的规定，作出如下裁定：

驳回李某文的上诉，维持原判。

最高人民法院经审理认为：第一审判决、第二审裁定认定的事实清楚，证据确实、充分，定罪准确，量刑适当。审判程序合法。

最高人民法院依照《中华人民共和国刑事诉讼法》第二百四十六条、第二百五十条和《最高人民法院关于适用〈中华人民共和国刑事诉讼法〉的解释》第四百二十九条第一项的规定，作出如下裁定：

核准广西壮族自治区高级人民法院（2020）桂刑终393号维持第一审以故意杀人罪判处被告人李某文死刑，剥夺政治权利终身的刑事裁定。

【法官后语】

本案是一起性质极为恶劣、后果十分严重的故意杀人案件，李某文持刀肆意砍杀毫无防卫能力的41名学龄前儿童和教师，手段残暴，受害人众多，引发社会强烈关注。在审理过程中，对被告人李某文是否适用死刑存在不同意见。第一种意见认为，未遂犯可以比照既遂犯从轻或者减轻处罚，是“可以”而非“应当”。李某文虽然故意杀人未遂，但其作案动机卑劣，手段特别残忍，后果极其严重，人身危险性极大，对被害人身心造成极大伤害，严重影响人民群众社会安全感，应以故意杀人罪判处死刑。第二种意见认为，李某文未造成他人死亡的严重后果，不应判处死刑立即执行。

笔者认为，第一种意见正确。具体分析如下：

对于故意杀人未遂案件，一般情况下应慎用死刑。但对罪行极其严重的故意杀人未遂犯，可以依法判处死刑。

《中华人民共和国刑法》第六十一条规定，对于犯罪分子决定刑罚的时候，应当根据犯罪的事实、犯罪的性质、情节和对于社会的危害程度，依照本法的有关规定判处。这是量刑的依据，也是量刑的基本原则。《中华人民共和国刑法》第二十三条，对于未遂犯，可以比照既遂犯从轻或者减轻处罚。这里规定的是“可以”而非“应当”，意味着刑法对未遂犯采取的从宽主义是可以而非应当，即未遂犯一般情况下可以给予从宽处罚，但法官根据案件具体情况，也可以不从宽处罚，这一原则也适用于犯罪未遂与死刑适用的关系。《最高人民法院关于贯彻宽严相济刑事政策的若干意见》，要求贯彻宽严相济政策要做到“该宽则宽，当严则严，宽严相济，罚当其罪”，强调“尤其对于极端仇视国家和社会，以不特定人为侵害对象，所犯罪行特别严重的犯罪分子，该重判的要坚决依法重判，该判处死刑的要坚决依法判处死刑”。一般认为，没有造成被害人死亡的故意杀人未遂的情形，因社会危害性小于故意杀人既遂，因此一般不判处死刑立即执行。但对于犯罪动机及其卑劣、情节特别恶劣、犯罪手段特别残忍，致被害人严重伤害、社会影响极坏的案件，也可以考虑判处死刑立即执行。李某文案就是属于这种例外情形。

被告人李某文持刀在校园内肆意砍杀毫无自卫能力的学龄前儿童和其他教师共41人，致1人重伤二级、7人轻伤一级，23人轻伤二级，10人轻微伤，在持刀捅刺时被老师及时控制和报警，被害人及时抢救才未发生被告人追求的死亡结果，被告人李某文的行为构成故意杀人未遂。但李某文的犯罪事实、情节存在诸多应予以严惩的情况。具体包括：(1) 李某文是有预谋的犯罪。在李某文宿舍提取到的纸条及李某文供述，证实案发当天其在宿舍写好“丽妹照顾好大嫂。二婶、三婶照顾好大嫂”“开始时，黎校不批假”等类似遗言的字条，准备好作案工具四把菜刀携带进入校园内。(2) 主观恶性极深。李某文在案发前精心准备好四把菜刀进入幼儿园肆意砍杀毫无防卫能力的无辜幼儿和教师41人，精心预谋犯罪、滥杀无辜，被害人一方毫无过错和不当，其纯属为了一己私欲无端残忍杀人，可见其主观上有置人于死地的想法，犯罪动机卑劣。(3) 作案手段特别残忍。李某文携带四把菜刀进入校园后，先对黄某灿头部猛砍，砍击力度大，菜刀嵌在黄某灿头部无法取出，其又从布袋内拿出一把菜刀进入大一、大二班教室肆意猛砍无辜学生头部、颈部等要害部位，连续砍击38名6—7岁学生，造成多名学生颅骨骨折，其中一名学生手指被砍断，还砍伤前来阻止的老师，随后又跑到操场继续行凶，重伤1人。(4) 李某文故意杀人行为虽然未导致死亡结果，但并非李某文主动自愿放弃犯罪的结果，而是学校老师挺身而出及时阻止、控制李某文继续行凶，被害人及时送往医院救治才未导致死亡后果。

综上，本案虽然未造成被害人死亡，但砍杀范围之广、危害程度之深，特别是犯罪对象大部分为无辜幼儿，所遭受的身心创伤会伴随其一生，犯罪后果具有严重性和延续性的特点。犯罪未得逞是因为旁人阻拦和控制，否则会造成更为严重的伤亡结果。可见李某文故意杀人虽系未遂，但其故意蓄谋杀人，犯罪动机卑劣，手段特别残忍，后果极其严重，人身危险性极大，依法不对其从轻处罚。

编写人：广西壮族自治区高级人民法院 徐丽 赖奕曲

24

间接故意犯罪不存在犯罪未遂形态，犯罪行为性质应以实际造成的结果进行确定

——蒙某龙故意伤害案

【案件基本信息】

1. 裁判书字号

天津市第一中级人民法院（2021）津01刑终569号刑事裁定书

2. 案由：故意伤害罪

【基本案情】

附带民事诉讼原告人蒙某鹤与被告人蒙某龙均系某村村民，蒙某鹤系该村党支部委员会委员兼村民委员会委员，蒙某鹤负责本村村民健康证的办理工作。2020年3月10日中午，蒙某龙之妻刘某红与蒙某鹤电话联系办理健康证的相关事宜时，蒙某龙、刘某红与蒙某鹤发生口角。后蒙某鹤驾车前往蒙某龙家中，双方再次发生口角，并互相推搡。其间，蒙某龙持菜刀将蒙某鹤砍伤，后蒙某鹤离开蒙某龙家中，并拨打110报警及前往医院治疗。经诊断，蒙某鹤右前臂及手开放伤、右前臂伸肌腱断裂、右手环小指开放骨折、右中指皮肤缺损、右环小指皮肤撕脱伤、右手神经肌腱血管损伤等。经物证鉴定所鉴定，蒙某鹤右手指骨损伤程度为轻伤二级，右手功能障碍损伤程度为轻伤一级，右腕功能障

碍损伤程度为轻伤二级。2020年3月11日，被告人蒙某龙被公安机关传唤到案，公安机关并保全菜刀一把。

【案件焦点】

被告人蒙某龙的行为构成故意杀人罪还是故意伤害罪。

【法院裁判要旨】

天津市蓟州区人民法院经审理认为：被告人蒙某龙法治观念淡薄，遇事不能冷静处理，故意伤害他人身体，造成他人轻伤的严重后果，其行为侵犯了公民的人身权利，已构成故意伤害罪，应予惩处。天津市蓟州区人民检察院指控罪名有误，依法予以更正。

天津市蓟州区人民法院依照《中华人民共和国刑法》第二百三十四条第一款，第三十六条第一款，《最高人民法院关于适用〈中华人民共和国刑事诉讼法〉的解释》第一百九十二条第一款和第二款的规定，作出如下判决：

一、被告人蒙某龙犯故意伤害罪，判处有期徒刑三年；

二、被告人蒙某龙赔偿附带民事诉讼原告人蒙某鹤经济损失126311.6元，于判决生效后十日内付清；

三、驳回附带民事诉讼原告人其他诉讼请求；

四、公安机关作为证据保全的作案工具菜刀一把，依法予以没收。

上诉人蒙某龙上诉称：其构成自首，原审判决量刑过重。天津市蓟州区人民检察院（抗诉机关）抗诉称：（1）原审判决仅采用被告人蒙某龙及蒙某龙妻子刘某红、邻居蒙某对于蒙某龙一方有利的证据，未对证据全面、客观予以审查，以此认定蒙某龙故意杀人主观故意方面证据不足确有错误；（2）原审判决认定蒙某龙实施故意杀人行为方面证据不足确有错误；（3）原审判决认定事实错误，从而导致法律适用错误。天津市第一中级人民法院经审理认为：上诉人蒙某龙遇事不能冷静处理，持刀故意伤害他人身体并致人轻伤，其行为已构成故意伤害罪，依法应予以惩处。原审判决认定事实和适用法律正确，审判程序合法，量刑适当。上诉人蒙某龙所提具有自首情节，原判量刑过重的上诉理由及辩护人所提相关意见，与事实不符，本院均不予采纳。

天津市第一中级人民法院依照《中华人民共和国刑事诉讼法》第二百三十六条第一款第一项，《最高人民法院关于适用〈中华人民共和国刑事诉讼法〉的解释》第三百八十五条第二款、第三款之规定，裁定如下：

一、准许天津市人民检察院第一分院撤回抗诉；

二、驳回上诉，维持原判。

【法官后语】

本案系当事人双方因办理健康证所引发的矛盾，进而引发的流血事件。本案最大的争议焦点在于被告人蒙某龙持刀砍伤被害人蒙某鹤是否具有杀人的主观故意，其行为是否构成故意杀人罪。

关于故意伤害与故意杀人的区别，目前我国刑法的通说采取故意说，即二者的区别在于故意内容不同，前者具有伤害的故意，即行为人只是对行为造成他人的生理机能受损具有认识，并对此持希望或者放任的态度；而后者则具有杀人的故意，即行为人认识到自己的行为会产生剥夺他人生命的结果，并希望或者放任该结果的发生。但关于行为人主观故意内容如何进行判定，不能仅依据行为人的供述来认定，需将行为人置于行为实施时的特定情境之中，采取从客观到主观的路径，综合全案各种情节要素进行综合判定。具体到本案，第一，从被告人与被害人的关系来看，二者系同村村民，素无怨仇，据此可以排除被告人系目的性犯罪；第二，从被告人有无犯罪预谋上来看，被告人实施犯罪行为时并无事先预谋，相反，其是在互相推搡过程中随机从家中拿起的菜刀并实施的击打行为；第三，从打击的部位上来看，被告人客观上造成被害人右手指被砍断，右手臂被砍伤，并非要害部位。虽然被害人在笔录中陈述被告人意欲砍杀其头部，但在案证据仅有被害人陈述，并无其他证据予以佐证，故从有利于被告人的角度出发，无法认定被告人意欲砍杀被害人头部等要害部位；第四，从危害结果上来看，被告人实施的行为造成被害人三处轻伤，并未造成被害人死亡或者重伤的结果，危害结果并不严重；第五，从犯罪行为有无节制上来看，在被告人已经连续两刀砍伤被害人且被害人丧失反抗能力的情况下，被告人并未继续实施砍杀行为并积极追求被害人死亡的结果，由此也可以看出，被告人主观上并不具有积极追求被害人死亡结果的犯罪目的，即排除被告人具有杀人的直接故意。此时，在排除被告人具有杀人的直接故意下，则需要进一步判断被告人有无故意杀人的间接故意。

根据刑法理论，在间接故意犯罪中，间接故意的意志因素是行为人对危害结果持“放任”态度，即不“否定”危害结果的发生，任何结果都是行为人主观意志所包含的内容，但不存在行为人希望或者积极追求的结果，也就是说在间接故意犯罪中，行为人主观上并不存在某种特定的犯罪目的。因此，当犯罪未遂中所要求的犯罪目的“未得逞”，即危害结果未实际发生时，也就无法说明行为人的犯罪目的“未得逞”，也就不存在犯罪未遂形态问题，即间接故意犯罪不存在犯罪未遂形态。具体到本案中，在现有证据无法证明被告人蒙某龙主观上具有杀人的直接故意，且客观行为未实际造成被害人死亡结果的情况下，就排除了被告人具有杀人的直接故意和间接故意。被告人蒙某龙所实施行为的性质应当按照其实际造成的结果进行确定，因为在这种情况下，死亡与伤害结果均在被告人的犯意之内。据此，被告人蒙某龙应按照故意伤害罪对其定罪处罚。合议庭据此改变公诉机关指控的罪名，符合疑罪从无及罪责刑相适应的原则。

编写人：天津市蓟州区人民法院　王宁　徐宏鹏

25

被告人与被害人并非身处同一空间，被告人对被害人的隔空胁迫行为应被认定为强奸未遂、强奸预备还是不应认定为犯罪

——余某江强奸案

【案件基本信息】

1. 裁判书字号

广东省汕头市中级人民法院（2022）粤 05 刑终 56 号刑事裁定书

2. 案由：强奸罪

【基本案情】

2020 年 6 月，被告人余某江通过聊天软件认识被害人李某甲后发展成男女朋友。2020 年 7 月 11 日下午，被告人余某江与被害人李某甲（女，14 岁）相约见面并在某住宿房内发生性关系，其间，被告人余某江趁机拍下被害人李某甲的裸照及穿衣过程的视频。

2020 年 9 月 19 日，被告人余某江通过聊天软件要求与被害人李某甲发生性关系，被害人李某甲拒绝。被告人余某江通过聊天软件发送其拍摄的被害人李某甲的裸照、视频，以要将这些裸照和视频给被害人李某甲的家人观看为威胁，胁迫被害人李某甲与其发生性关系。被害人李某甲被迫于 2020 年 10 月 17 日下午在某住宿房内与被告人余某江发生性关系。

2020 年 10 月 31 日，被告人余某江再次要求被害人李某甲与其发生性关系，被害人李某甲拒绝。被告人余某江再次以要将李某甲的裸照和视频给其家

人观看为威胁，胁迫被害人李某甲与其发生性关系，被害人李某甲被迫答应于两周后与被告人余某江发生性关系。之后，被告人余某江多次要求被害人李某甲与其发生性关系，被害人李某甲以各种理由推托。2020年12月9日，被害人李某甲的母亲得知李某甲被人强奸遂报案。2020年12月14日，公安机关抓获被告人余某江。

2020年12月10日，经诊断，被害人李某甲宫内早孕（约8+周）。经司法鉴定中心鉴定：在排除同卵多胞胎和近亲的前提下，支持余某江指尖血检材、李某甲指尖血检材所属个体和胚胎检材所属个体符合亲生关系。

综上所述，被告人余某江共实施强奸作案2次，其中1次既遂、1次未遂。

【案件焦点】

对于上诉人的隔空胁迫行为，应如何认定。

【法院裁判要旨】

广东省汕头市澄海区人民法院经审理认为：被告人余某江的行为已构成强奸罪。余某江强奸未成年被害人，致其怀孕，且拒不认罪，依法应当从严惩处。余某江于2020年10月31日实施的强奸作案因意志以外的原因而未得逞，系犯罪未遂，对该次作案依法可予从轻处罚。一审判决：

被告人余某江犯强奸罪，判处有期徒刑七年。

一审宣判后，被告人余某江提出上诉。二审期间，上诉人余某江的辩护人提出上诉人被认定的第二次强奸犯罪的行为不达到构成强奸罪的程度，不应认定上诉人余某江成立两次强奸犯罪，请求二审法院予以改判。

广东省汕头市中级人民法院经审理认为：在本案第一次强奸犯罪中，上诉人以要将被害人的裸照和视频给其家人观看胁迫被害人与其发生性关系，被害人被迫与上诉人发生了性关系；2020年10月31日，上诉人再次以相同手段胁迫被害人与其发生性关系，被害人被迫给予了“性承诺”，后因被害人的母亲得知被害人被人强奸而报案。故上诉人的行为显属已经着手实行犯罪，后因意志以外的原因而未得逞，系犯罪未遂。原审判决认定事实清楚，证据确实充分，适用法律正确，定罪准确，量刑适当。原审审判程序合法。裁定：

驳回上诉，维持原判。

【法官后语】

本案在审理过程中，对于上诉人的隔空胁迫行为，主要存在以下观点：

第一种观点认为，该行为属于已经开始着手，应认定为强奸未遂。根据罪刑法定原则，行为只要符合刑法规定的构成要件就能构成犯罪。只要行为人开始实施构成要件的行为，该行为本身就具有法益侵害的抽象危险。本案中，上诉人通过聊天软件发送其拍摄的被害人裸照、视频，以要将这些裸照和视频给被害人家属观看为威胁，胁迫被害人与其发生性关系，使被害人违背意愿被迫答应与上诉人发生性关系，后因意志以外的原因，上诉人无法实现其强奸目的。上诉人发送裸照、视频，并胁迫被害人答应与其发生性关系的行为，违反刑法第二百三十六条有关强奸罪的规定，属于开始实施刑罚法规所规定的构成要件，系着手实施犯罪，应认定为强奸未遂。

第二种观点认为，该行为不属于已经开始着手，应认定为强奸预备。应对实行行为进行具体危险的判断，只有在实行行为造成了既遂结果发生的具体性危险之时，才具有作为未遂犯的可罚性。本案中，上诉人在不能当场强奸的场合，仅仅通过网络空间发送裸照、视频进行胁迫，由于不存在性侵害被害人的现实紧迫危险性，因而不能认定为着手实施犯罪，应认定为犯罪预备。

第三种观点即本案二审辩护人的观点，认为上诉人没有接触到被害人，也没有实施暴力等足以让被害人陷入危险状态境地的行为，发信息约见被害人不属于足以压迫妇女反抗的强制手段，该行为不达到构成强奸罪的程度，不应认定上诉人的该次行为构成强奸罪。

针对本案，笔者倾向于同意第一种观点。对于上诉人的隔空胁迫行为，应从以下几个方面进行考虑：

第一，对上诉人主观故意的分析。在本案中，上诉人第一次利用被害人的裸照、视频胁迫被害人与其发生性关系得逞，该行为系强奸既遂。上诉人再次以相同手段对被害人进行胁迫，其主观上明显已确认隔空胁迫是行之有效的，意图通过同样的手段迫使被害人就范。

第二，对上诉人所实施行为的分析。根据罪刑法定原则，上诉人隔空胁迫的行为本身具有法益侵害的抽象危险性，属于开始实施刑法所规定的构成要件，属于刑法第二百三十六条的“胁迫或者其他手段”，应认定为其对被害人实施了精神恫吓或强制，从而达到迫使被害人不敢反抗并给予“性承诺”的目的。

第三，隔空胁迫行为对被害人的引导、实际胁迫程度等因素的分析。在本案中，上诉人是以被害人的裸照、视频给被害人家属观看为威胁逼迫被害人就范，而这类型的胁迫，对于被害人来说，即便被害人是成年人，也并非无足轻重的胁迫，而是足以使被害人产生恐惧心理而被迫作出某种意思表示或特定行为的胁迫，系实质性的胁迫；本案被害人为未成年人，鉴于其心智年龄较小、认知程度较低等因素，其在遭受威胁时更难以正确处理，不敢或者不愿意通过报警、告知家长等方式解决问题，因而使被害人陷入不敢反抗的境地；虽然双方不在同一物理空间内，但实际上被害人两次均选择违背意愿给予“性承诺”，更验证了被害人正置身于上诉人创设的现实紧迫危险的境地。因此，上诉人的隔空胁迫行为显属已经着手实行犯罪。

第四，本案还应充分考虑保障未成年人的合法权益。根据2013年10月23日《最高人民法院、最高人民检察院、公安部、司法部关于依法惩治性侵害未成年人犯罪的意见》的相关规定，对于性侵害未成年人犯罪，应当依法从严惩治；办理性侵害未成年人犯罪案件，应当充分考虑未成年被害人身心发育尚未成熟、易受伤害等特点，贯彻特殊、优先保护原则，切实保障未成年人的合法权益。本案中，还应结合未成年被害人的年龄情况、认知程度、身心特点、被告人在行为过程中对未成年被害人的引导、胁迫程度等方面，充分保障未成年被害人的合法权益。

编写人：广东省汕头市中级人民法院　陈连嘉　蓝翔

二、刑罚的具体运用

（一）量 刑

26

撤销附条件不起诉决定提起公诉处于行为人前罪缓刑考验期内的，应当撤销缓刑数罪并罚

——张某龙盗窃案

【案件基本信息】

1. 裁判书字号

江苏省南通市崇川区人民法院（2021）苏0602刑初722号刑事判决书

2. 案由：盗窃罪

【基本案情】

2017年4月13日凌晨4时许，被告人张某龙伙同姬某某（系未成年人，已判决）、杨某、杨某某、席某（均系未成年人，均已被行政处罚）在某烟酒店实施盗窃。杨某盗取该店钥匙后与席某进入商店盗窃，姬某某先望风后进入商店帮忙搬香烟，张某龙与杨某某在外望风。五人共窃得该店硬盒中华香烟4条、软蓝黄鹤楼香烟9条、人民币1100元。经鉴定，涉案香烟均为真品，总价

值人民币3510元。扣押的案涉香烟硬盒中华2条7包、软蓝黄鹤楼5条已发还被害人张春芬，合计价值1065元。被告人张某龙于2017年5月28日至派出所自动投案，到案后如实供述了自己的犯罪事实。

2017年12月7日，江苏省南通市崇川区人民检察院对被告人张某龙作出附条件不起诉决定，考验期6个月自2017年12月7日至2018年6月6日。2018年2月14日张某龙在甘肃省西和县公安局讯问中供述其2017年3月在江苏南通因盗窃被判缓刑6个月。2018年3月12日，江苏省南通市崇川区人民检察院决定撤销对张某龙附条件不起诉决定。张某龙因犯聚众斗殴犯罪，于2019年8月21日被甘肃省西和县人民法院判处有期徒刑一年六个月，缓刑二年，缓刑考验期自2019年9月3日至2021年9月2日。已决同案犯姬某某退赔被害人张某芬违法所得人民币2445元已执行完毕。

【案件焦点】

人民检察院撤销附条件不起诉决定后提起公诉处于行为人前罪缓刑考验期内，是否应当撤销缓刑数罪并罚。

【法院裁判要旨】

江苏省南通市崇川区人民法院经审理认为：被告人张某龙以非法占有为目的，秘密窃取他人财物，数额较大，其行为构成盗窃罪，依法应予惩处，公诉机关的指控成立。被告人张某龙犯罪时已满十六周岁未满十八周岁，应当从轻处罚。本案系共同犯罪，被告人张某龙在犯罪中起次要作用，系从犯，应当从轻处罚。被告人张某龙自动投案，到案后，如实供述自己的罪行，系自首，可以从轻处罚。本案公诉机关提起公诉和法院审理过程处于甘肃省西和县人民法院判决的被告人张某龙缓刑考验期内，应当撤销缓刑数罪并罚。关于公诉机关以及辩护人提出对张某龙适用缓刑的意见，因缓刑考验期间发现漏罪而撤销缓刑的，在特定条件下可以继续适用缓刑。被告人张某龙在甘肃省西和县公安局主动供述本案盗窃的事实，其主观恶性较小，可以继续适用缓刑。江苏省南通市崇川区人民法院作出如下判决：

一、撤销甘肃省西和县人民法院（2019）甘1225刑初47号刑事判决中对被告人张某龙犯聚众斗殴犯罪，判处有期徒刑一年六个月，缓刑二年的缓刑部分；

二、被告人张某龙犯盗窃罪，判处拘役一个月，并处罚金人民币1000元；与前罪并罚，决定执行有期徒刑一年六个月，缓刑二年，并处罚金人民币1000千元。

一审宣判后，被告人未提起上诉，检察机关未提起抗诉，该判决已发生法律效力。

【法官后语】

一、附条件不起诉被撤销后“新发现的罪”的认定

附条件不起诉是指检察机关对案件符合起诉的情况下，考虑到公共利益和刑事政策，以及犯罪嫌疑人的自身状况等因素，要求犯罪嫌疑人在设定的考察期内履行一定的义务，根据考察期内犯罪嫌疑人的表现，如果嫌疑人没有出现违反义务的情况下，检察机关将不再起诉；如果犯罪嫌疑人违反义务，检察机关将对其提起公诉的一项制度。根据刑事诉讼法第二百八十二条的规定，对于未成年人涉嫌刑法分则第四章、第五章、第六章规定的犯罪，可能判处一年有期徒刑以下刑罚，符合起诉条件，但有悔罪表现的，检察机关可以作出附条件不起诉决定。根据刑事诉讼法第二百八十四条规定，被附条件不起诉的未成年犯罪嫌疑人在考验期内实施新的犯罪人民检察院应当撤销附条件不起诉的决定，提起公诉。本案张某龙实施盗窃时为未成年人，检察机关对其作出附条件不起诉决定。因张某龙在考验期内又实施了聚众斗殴犯新的犯罪，检察机关在聚众斗殴犯新的犯罪宣判前撤销了对张某龙附条件不起诉决定。

根据刑法第七十七条第一款的规定，如果漏罪在缓刑考验期“发现”即要撤销缓刑并适用限制加重原则进行并罚。对于本案盗窃罪是否属于刑法第七十七条第一款“新发现的罪”存在不同理解。这里关键需要解决漏罪的“发现”以什么为标准。是以客观上漏罪事实已被发现还是需以漏罪事实被移送起诉或被检察机关提起公诉等法定的形式作为“发现”的标志？立法条文之所以未以

某一特定的诉讼阶段作为限制而是仅以“发现”二字作出规定，显然是取客观上发现之意。因此，漏罪的发现标准应是有证据证明犯罪分子本人实施了该犯罪行为即可，当然仅仅发现漏罪线索则不应理解为“发现”。而从诉讼过程来看，“发现”是一个过程，从有证据证明犯罪分子本人实施了该犯罪行为到对该犯罪行为的审理的任一时间点处于“缓刑考验期内”即可认定系在缓刑考验期内发现漏罪，适用刑法第七十七条第一款的规定。本案虽然张某龙实施盗窃行为与检察机关撤销附条件不起诉决定发生于聚众斗殴罪缓刑考验期之前，但检察机关重新提起公诉与法院审理盗窃罪均处于聚众斗殴罪缓刑考验期内，应当认定本案盗窃罪是聚众斗殴罪缓刑考验期内新发现的罪。

二、撤销缓刑后能否再次适用缓刑以及适用缓刑已执行的缓刑考验期是否折抵

因缓刑考验期间犯新罪而撤销缓刑的不能继续适用缓刑。在缓刑考验期间犯新罪的，说明被告人具有再犯罪的危险，不符合缓刑适用所要求的“没有再犯罪的危险”这一法定条件，故不能宣告缓刑。

因缓刑考验期间发现漏罪而撤销缓刑的，在特定条件下可以继续适用缓刑。《最高人民法院关于人民法院审判严重刑事犯罪案件中具体应用法律的若干问题的答复》指出，在缓刑考验期限内，发现被宣告缓刑的犯罪分子在缓刑宣告以前还有其他罪没有判决的，依法应当数罪并罚，如果仍符合缓刑条件的，仍可宣告缓刑。虽然该文件已被废止，但在关于此问题新的文件发布前还是具有参考性的。当然，是否适用缓刑，还是要根据案件的社会危害性、被告人的主观恶性等因素综合把握。实践中，造成漏罪的原因多种多样，对其中在前罪诉讼中，被告人故意隐瞒罪行，企图逃避处罚的，说明其主观恶性较大，在撤销缓刑后不宜再宣告缓刑。而对因被告人认识不到位或其他客观原因造成漏罪的，根据案件实际情况，可以继续适用缓刑。根据刑法第七十条的规定，对于判决宣告后刑罚执行完毕以前发现被判刑的犯罪分子在判决宣告以前还有其他罪没有判决的，应当对新发现的罪作出判决，把前后两个判决所判处的刑罚，依照刑法第六十九条之规定决定执行的刑罚。已执行的刑期，应当计算在新判决的

刑期内。对此，一般而言都将已经执行的刑期理解为拘役、有期徒刑的执行，但事实上对于缓刑考验期内发现漏罪，再次审判后仍判处缓刑的情形，已经执行的缓刑考验期予以扣除，亦符合相应法律精神。

本案中，被告人张某龙在甘肃省西和县公安局主动供述本案盗窃的事实，其主观恶性较小可以继续适用缓刑，其已执行的缓刑考验期予以折抵。

编写人：江苏省南通市崇川区人民法院　陈程

27

对“套路贷”行为及金额的认定，应从整体上予以否定评价

——吴某好诈骗案

【案件基本信息】

1. 裁判书字号

福建省厦门市中级人民法院（2021）闽02刑终第80号刑事裁定书

2. 案由：诈骗罪

【基本案情】

2016年8月17日，被害人张某为偿还债务向被告人吴某好借款15万元，签订借款协议书。双方实际按照口头约定的一万元每日利息80元，每十日归还一次利息执行。吴某好扣除1万元保证金，通过银行转款14万元到张某建行账户以制造虚假银行流水，后要求张某将头息及服务费共计2.24万元转入其指定的杨某建设银行账户。张某实际拿到借款11.76万元，被虚增债务3.24万元。借款后，张某支付吴某好高额利息，本金尚未归还。

2017年2月9日，张某再次向吴某好借款5万元，并出具借条、收条。双方实际按照口头约定的一万元每日利息80元，每十日归还一次利息执行。吴某

好扣除保证金、头息、服务费共计2万元后，通过银行转款3万元到张某银行账户。张某实际拿到借款人民币3万元，被虚增债务2万元。借款后，张某支付吴某好高额利息，本金尚未归还。

2017年2月16日，张某再次向吴某好借款5万元，并出具借条、收条。同时，吴某好以之前借款时间过长、借款快到期为由，要求张某重新签订借款协议书并配合做好银行流水转账，答应归还旧的借款协议，不会新增债务。张某同意并重新签订一份借款数额为14万元的借款协议书（扣除保证金1万元）、收条和一份借款数额为5万元的借款协议书。吴某好通过银行转款20万元到张某建行账户以制造虚假银行流水，并要求张某将其中16.5万元转入其指定的杨某建行账户，张某当日实际拿到借款3.5万元。后被告人吴某好拒不归还旧的借款协议。

截至2017年7月23日，张某支付吴某好上述三次借款利息共计48.116万元。2017年9月29日，吴某好向人民法院提起民事诉讼，要求张某偿还借款本金40万元及利息，并对张某价值39万元的财产申请保全。2018年3月30日，人民法院判决张某向吴某好偿还借款本金40万元及利息。胜诉后，被告人吴某好未申请强制执行。

2019年7月29日，吴某好主动到公安机关投案，但未如实供述上述事实。案发后，吴某好向张某支付了5万元。

【案件焦点】

1. 被告人实际支付的金额；2. 被告人的行为定性及罪数形态；3. 本案涉案金额应如何计算。

【法院裁判要旨】

福建省厦门市海沧区人民法院经审理认为：被告人吴某好主观上整体表现为以非法占有为目的，骗取张某签订数额虚高的协议，制造银行流水，实际支付给张某18.26万元，后收取高额利息48.116万元，仍以40万元的本金提起虚假诉讼，系“套路贷”行为，构成虚假诉讼罪和诈骗罪，择一重处以诈骗罪定罪处罚。被告人吴某好的诈骗金额为29.856万元既遂和40万元未遂，属数额巨大。实施“套路贷”犯罪构成诈骗的，既有既遂，又有未遂，二者在同一量刑幅度的，以犯罪既遂酌情从重处罚。

福建省厦门市海沧区人民法院依照《中华人民共和国刑法》第二百六十六条、第三百零七条之一第三款、第二十三条和第六十四条之规定，作出如下判决：

一、被告人吴某好犯诈骗罪，判处有期徒刑五年，并处罚金人民币2万元；

二、责令被告人吴某好退赔被害人张某经济损失人民币248560元；

三、扣押在案的作案工具手机一部，依法予以没收。

被告人吴某好持原审辩解提出上诉。福建省厦门市中级人民法院同意一审法院的裁判意见，依照《中华人民共和国刑事诉讼法》第二百三十六条第一款第一项之规定，作出如下裁定：

驳回上诉，维持原判。

【法官后语】

“套路贷”作为新型的违法犯罪行为，以民间借贷为幌子，手段较为隐蔽，导致在事实认定、法律适用等问题上存在诸多争议，精准打击犯罪过程困难重重。本案通过明确实际出借金额，精确判断被告人的行为定性及罪数形态，从整体否定性评价的角度出发，计算得出其犯罪金额，从而作出罪责刑相适应的司法裁判。

一、被告人行为属“套路贷”，以虚假诉讼罪和诈骗罪择一重处罚

对于“套路贷”犯罪，需要从整体上予以否定性评价，否则容易陷入双方具有民间借贷合意的认识误区中，混淆罪与非罪。

1. 被告人具有非法占有目的，符合“套路贷”犯罪特征

第一，虚增借贷数额。吴某好在出借款项过程中，通过“砍头息”“保证金”“服务费”等名目收取费用，实际出借金额低于合同签订金额。第二，制造银行流水痕迹。吴某好利用被害人再次向其借款的迫切心理，以重签协议、配合做手续作为理由，以承诺不会新增债务、归还旧的借款协议作为条件，诱

使被害人重新签订未实际出借的借款合同，同时通过银行转账方式向张某转入20万元，指示张某将部分款项转出至指定账户，蓄意制造已将借款交付被害人的给付痕迹假象。第三，提起恶意诉讼索债。在张某未偿还“虚高”借款但在短期内已支付高额利息48.116万元的情况下，吴某好隐瞒真相，仍以借款金额40万元为本金要求法院判令张某归还本金及利息，同时申请财产保全，借助诉讼方式向张某索取“债务”。故被告人不断设置圈套和陷阱，主观上整体表现为以非法占有为目的，骗取张某签订数额虚高的协议并支付了高额利息后，仍提起虚假诉讼，意图借助司法手段再次占有张某财物，其行为属于典型的“套路贷”，应受到刑法的苛责。

2. 被告人的行为构成虚假诉讼罪和诈骗罪的竞合，以诈骗罪定罪处罚

虚假诉讼是指以捏造的事实提起民事诉讼，妨害司法秩序或者严重侵害他人合法权益的行为。同时为处理竞合情形，法律明确规定实施虚假诉讼，非法占有他人财产或者逃避合法债务，又构成其他犯罪的，依照处罚较重的规定定罪从重处罚。

本案被告人向法院提起虚假民事诉讼，要求被害人付本还息同时申请诉讼保全，在法庭上出示虚假证据，致使法院基于捏造的事实开庭审理并作出裁判文书，已经妨害了司法秩序，侵犯了他人的合法权益，其行为构成虚假诉讼罪。同时，被告人以非法占有为目的，借助虚假诉讼手段，隐瞒真相骗取被害人财物，其行为亦构成诈骗罪。按照择一重处的原则，本案应以诈骗罪定罪处罚。

二、如何准确认定“套路贷”犯罪金额

对“套路贷”从整体上予以否定性评价，并不意味着把所有的犯罪成本都认定为犯罪数额。实践中，行为人为了诈骗行为的顺利实施，需要投入一定的成本，若该投入是以被害人为直接支付对象且能给被害人带来财产利益，考虑到其对受损的法律关系有所弥补，该部分犯罪成本应从犯罪数额中予以扣除。

1. 确定犯罪成本

认定本案的诈骗金额，首先需要明确被告人支出的犯罪成本即出借金额是多少。被告人辩称部分借款按要求以现金方式支付，借款协议中有手写备注

"部分现金"，借款均实际发生。但被告人是职业放贷人，日常交易时均未采用现金方式出借，同时会要求借款人支付"砍头息""服务费""保证金"，其与被害人未存在任何特殊关系，改变放贷方式不符合常理和逻辑，被告人对出借金额的细节以及对刻意制造的银行给付痕迹均无法稳定供述并作出合理解释，亦无法与其他主客观证据相互印证，故法院不予采信其辩解理由，认定实际出借共计18.26万元。

2. 确定既、未遂诈骗金额

被告人实际给付18.26万元，后收取高额利息48.116万元，以40万元的本金提起民事诉讼但未拿到钱款，其实际交付的18.26万元为犯罪成本不计入犯罪数额，但以"利息""服务费""保证金""虚高债务"等名目非法占有的金额，应计入犯罪数额，故本案既遂诈骗金额为29.856万元。因意志以外原因未得逞的，按照已着手非法占有的财物数额认定未遂，故本案未遂的诈骗金额为40万元。实施"套路贷"犯罪构成诈骗的，既有既遂，又有未遂，且均在数额巨大的档次，应当以既遂的数额确定量刑基准并根据未遂的数额酌情从重处罚。同时，被告人既遂金额应用于赔偿被害人损失。

综上，本案涉及"套路贷"行为认定、罪数、犯罪成本、犯罪数额、既未遂及损失退赔等问题，具有一定的典型性。法院充分发挥审判职能，敢于亮剑，通过对争议焦点进行深入分析作出正确判决，依法严惩了"套路贷"犯罪，切实维护了群众的财产安全和社会和谐稳定。

编写人：福建省厦门市海沧区人民法院　尤泽明　邱碧蓉

28

非接触式毒品交易情况下对毒品数量的认定

——游某等贩卖毒品案

【案件基本信息】

1. 裁判书字号

重庆市涪陵区人民法院（2021）渝0102刑初314号刑事判决书

2. 案由：贩卖毒品罪

【基本案情】

2021年1月，被告人游某为贩卖毒品，邀约被告人郭某、杨某成等为其放置毒品，采取由游某将分装好的甲基苯丙胺（冰毒）和甲基苯丙胺片剂（俗称“麻古”）组成一对包子交给郭某、杨某成等，其中毒品大包子中冰毒约重0.24克、“麻古”2颗约重0.16克，毒品小包子中冰毒约重0.12克、“麻古”1颗约重0.08克；游某对每对毒品小包子收取299元至350元不等的毒资，每对毒品大包子收取约475元至550元不等的毒资；每放1对毒品包子游某分给郭某人民币20元、分给杨某成人民币35元，郭某则按游某的安排将游某给其的毒品包子事先放在游某指定小区等地的灭火器箱、消防箱等隐蔽处，或者在游某收到购毒人员要求购买毒品的毒资后再安排杨某成等将毒品放在指定小区等地的消防箱、天燃气表等隐蔽处，游某再通知购毒者到指定位置取走毒品的方式贩卖毒品。2021年1月至被查获时，游某共计贩卖1对特大毒品包子（冰毒约重2克、“麻古”10颗约重0.8克，计约重2.8克）、29对大毒品包子、191对小毒品包子，共计甲基苯丙胺约30余克、甲基苯丙胺片剂259颗约20余克，游某通过郭某、杨某成以及其他为其放置毒品人员微信转款毒资约7000余元。

【案件焦点】

关于本案贩卖毒品数量的认定和计算问题。

【法院裁判要旨】

重庆市涪陵区人民法院经审理认为，被告人游某、郭某、杨某成、孙某平、秦某明知甲基苯丙胺、甲基苯丙胺片剂和海洛因是毒品而贩卖，其行为均已构成贩卖毒品罪，其中被告人游某贩卖毒品数量为79余克，被告人郭某贩卖毒品数量为47余克，被告人杨某成、孙某平多次贩卖属情节严重。公诉机关指控五被告人犯罪的事实及罪名成立。在被告人游某与郭某、杨某成的共同犯罪中，被告人游某起主要作用，是主犯；被告人郭某、杨某成起次要作用，是从犯，对被告人郭某应当从轻处罚、对被告人杨某成应当减轻处罚。被告人游某曾因犯贩卖毒品罪被判处过刑罚，现又犯贩卖毒品罪，是毒品再犯，应从重处罚；被告人孙某平、杨某成到案后如实供述自己的罪行，是坦白，可以从轻处罚；被告人秦某在因涉嫌吸毒被抓获后，主动供述其贩卖毒品的犯罪事实，是自首，可以从轻处罚；被告人秦某协助公安机关抓获其他犯罪嫌疑人，是立功，可以从轻处罚；被告人孙某平有犯罪前科，可酌定从重处罚。被告人杨某成、孙某平、秦某自愿认罪认罚，可以依法从宽处理。依照《中华人民共和国刑法》第三百四十七条第一款、第二款、第三款、第四款，第二十五条第一款，第二十六条第一款、第四款，第二十七条，第三百五十六条，第六十七条第一款、第三款，第六十八条，第六十四条，第五十二条，第五十三条；以及《中华人民共和国刑事诉讼法》第十五条，第二百零一条之规定，作出如下判决：

一、被告人游某犯贩卖毒品罪，判处有期徒刑十五年，并处没收个人财产人民币5万元；

二、被告人郭某犯贩卖毒品罪，判处有期徒刑八年，并处罚金人民币15000元（限于判决生效后十日内缴纳）；

三、被告人杨某成犯贩卖毒品罪，判处有期徒刑一年六个月，并处罚金人民币6000元；

四、被告人孙某平犯贩卖毒品罪，判处有期徒刑三年十个月，并处罚金人民币 10000 元；

五、被告人秦某犯贩卖毒品罪，判处有期徒刑八个月，并处罚金人民币 2000 元；

六、没收公安机关扣押在案的毒品甲基苯丙胺和甲基苯丙胺片剂 25.94 克、海洛因 0.89 克以及毒品包装袋、电子秤等物品，由扣押机关涪陵区公安局依法处理；追缴被告人游某犯罪所获赃款人民币 7000 元、郭某犯罪所获赃款人民币 3000 元、杨某成犯罪所获赃款人民币 300 元、孙某平犯罪所获赃款人民币 700 元、秦某犯罪所获赃款人民币 80 元，上缴国库。

一审宣判后，被告人未提起上诉，检察机关未提起抗诉，该判决已发生法律效力。

【法官后语】

近年来，随着网络技术的发展，利用网络实施的毒品犯罪多发，随之出现了一种隐秘强、取证及指控犯罪难度大的非接触式毒品交易方式，其交易双方在时空上存在一定的距离，多为交易双方不知道对方身份、体貌特征等情况下完成毒品交易，该类交易不同于接触式交易的“人赃并获”的查处和取证方式，具有很强的隐蔽性，这类案件审查证据要求高，认定犯罪事实难度大。毒品犯罪案件中根据刑法的规定，对不同种类、数量的毒品设置了不同的量刑档次，而对没有直接查获毒品的案件，无法对毒品进行称量和鉴定，故无直接证据证明毒品的种类、数量、纯度及形态。因此，如何运用间接证据认定本案毒品的事实是本案关键之处。

根据《最高人民法院关于适用〈中华人民共和国刑事诉讼法〉的解释》规定，没有直接证据，但间接证据符合相关条件，可以认定被告人有罪。条件包括证据要查证属实，证据之间相互印证，不存在无法排除的矛盾和无法解释的疑问，全案证据形成完整证明体系，根据证据认定案件事实足以排除合理怀疑，结论具有唯一性，运用证据进行推理符合逻辑和经验。可见，利用间接证据用于证明毒品的事实符合证明规律和法律规定。本案没有实际查获贩卖毒品的总数量，对各被告人所贩卖毒品包数、克数的认定，系根据各被告人在侦查阶段对毒品包子克数的供述，和购毒人员对所购毒品克数的陈述，结合微信聊天记录上的标注、发送放置毒品的图片、查获时部分毒品包子等客观证据，从有利于被告人的角度先推算出各毒品大、中、小包子的重量，然后再与证据所能证明贩卖的总包数相乘得出贩卖毒品数量。

编写人：重庆市涪陵区人民法院　李霖杰

29

定罪量刑需综合考虑被告人犯罪时的年龄、犯罪行为和犯罪情节

——刘某亮强奸案

【案件基本信息】

1. 裁判书字号

湖南省湘西土家族苗族自治州泸溪县人民法院（2021）湘3122刑初46号刑事判决书

2. 案由：强奸罪

【基本案情】

被告人刘某亮和被害人刘某某（女，2006年10月22日出生）系同村人。2016年的一天，刘某亮用糖果将刘某某哄骗至其家中，在明知刘某某不满十四周岁的情况下，以金钱、糖果等财物为利诱，要求刘某某与其发生性关系，后在刘某亮家卧室的床上，刘某亮让刘某某脱掉裤子，对刘某某实施奸淫。此后一两年时间内被告人刘某亮多次以钱物利诱的方式，将刘某某带至其家中卧室床上实施奸淫，直至刘某某读小学四年级时离开某小学。

公安局在侦办杨某毛猥亵儿童案时，发现被告人刘某亮有强奸幼女的嫌疑。

2021年3月13日上午11时许，办案民警在刘某亮家中将刘某亮抓获。经讯问，被告人刘某亮对其强奸被害人刘某某的事实供认不讳。

【案件焦点】

对被告人定罪量刑时应考虑哪些因素。

【法院裁判要旨】

湖南省湘西土家族苗族自治州泸溪县人民法院经审理认为：被告人刘某亮为满足性欲，奸淫幼女刘某某，其行为构成强奸罪。被告人刘某亮在长达一两年的时间内多次奸淫农村留守幼女，且第一次实施强奸行为时，被害人不满十周岁，属“奸淫幼女情节恶劣”，依法应处十年以上有期徒刑、无期徒刑或者死刑。鉴于被告人刘某亮实施强奸犯罪时已是年满七十五周岁的老人，被抓获归案后能如实供述自己的罪行，认罪认罚，具有法定从轻、减轻、从宽处罚情节，对其可以从轻判处。公诉机关提出的量刑建议，与被告人刘某亮所犯之罪及应当承担的刑事责任不相适应，不予采纳。辩护人提出的被告人刘某亮实施强奸犯罪时已年满七十五周岁，系老年人犯罪，且有坦白、认罪认罚情节，可以从轻、从宽处罚的辩护意见，与查明的案件事实及相关法律规定相符，予以采纳。湖南省湘西土家族苗族自治州泸溪县人民法院作出如下判决：

被告人刘某亮犯强奸罪，判处有期徒刑十年。

一审判决后，被告人未提起上诉，检察机关未提起抗诉，判决已经发生法律效力。

【法官后语】

本案是一起老年人性侵留守儿童的典型案例。对被告人定罪量刑，不仅要考虑被告人犯罪时的年龄，更要结合被告人的犯罪行为和犯罪情节综合考量。

本案在公诉阶段和审理阶段，公诉机关考虑被告人犯罪时已年满七十五周岁，系老年人犯罪，依照我国刑法第十七条之一的规定，可以从轻或减轻处罚，被告人犯罪行为亦无法定从重处罚情节，因此公诉机关对被告人的量刑建议为有期徒刑五年六个月；同时本案在审理过程中，辩护人也提出被告人系老年人犯罪，且有坦白、认罪认罚情节，可以其从轻、从宽处罚的辩护意见。但本案受害人为农村留守儿童，且遭受侵害时年龄不满十周岁，被告人的犯罪行为严重侵害了未成年人的合法权益，公诉机关的量刑建议，与被告人的犯罪行为以及造成的严重后果不符。本案审理过程中，审判机关贯彻我国刑法罪责刑相适应的原则和特殊优先保护儿童权益的司法政策，结合相关法律规定，根据审理查明的被告人的犯罪行为和犯罪情节，特别是被告人利用其与被害人具有接触的便利条件，利用物质、生活条件等方面的优势地位，利用被害人年幼、无知以及被害人父母监护缺失，处于弱势地位的特点，采取以钱物利诱的方式，对被害人施以小恩小惠，在长达一两年时间里，多次对被害人实施奸淫行为，其犯罪行为社会影响恶劣情节恶劣，严重摧残被害人的身心健康，对被害人造成了严重的伤害的犯罪事实，并根据《最高人民法院、最高人民检察院、公安部、司法部关于依法惩治性侵害未成年人犯罪的意见》第二十五条第四项的规定，对不满十二周岁的儿童、农村留守儿童、严重残疾或者精神智力发育迟滞的未成年人，实施强奸、猥亵犯罪的，要依法从严惩处之规定，认定被告人奸淫幼女的行为情节恶劣，最终依法判处被告人有期徒刑十年。

编写人：湖南省湘西土家族苗族自治州泸溪县人民法院　许志昆

30

行为人不够罪的关联行为被从重评价的，其因关联行为羁押的期限应折抵刑期

——肖某某危险驾驶案

【案件基本信息】

1. 裁判书字号

北京市房山区人民法院（2021）京0111刑初1257号刑事判决书

2. 案由：危险驾驶罪

【基本案情】

2021年10月19日13时许，被告人肖某某饮酒后无驾驶资格驾驶一辆小型轿车（车牌号：京AO××××）行驶至某路时，遇民警设卡检查，被告人肖某某为逃避检查，驾车闯卡，后被民警查获。经检验，被告人肖某某血液中酒精含量为93.8毫克/100毫升，属于醉酒驾驶机动车。被告人肖某某因涉嫌犯妨害公务罪，于2021年10月19日被羁押，于2021年11月2日被取保候审，又因涉嫌犯危险驾驶罪，于同日被刑事拘留。

【案件焦点】

行为人不够罪的关联行为被作为其他犯罪从重评价的，其因关联行为羁押的期限能否折抵刑期。

【法院裁判要旨】

北京市房山区人民法院经审理认为：北京市房山区人民检察院指控被告人肖某某犯危险驾驶罪的事实清楚，证据确实、充分，指控的罪名成立，量刑建议亦适当，应予采纳。被告人肖某某饮酒后无驾驶资格驾驶机动车，且有逃避公安机关依法检查情节，应予从重处罚。鉴于被告人肖某某到案后如实供述所犯罪行，系坦白，亦自愿认罪认罚，可依法对其从轻处罚。

综上，北京市房山区人民法院依照《中华人民共和国刑法》第一百三十三条之一第一款第二项，第六十七条第三款，第五十二条，第五十三条，第四十二条，第六十一条以及《中华人民共和国刑事诉讼法》第十五条之规定，作出如下判决：

被告人肖某某犯危险驾驶罪，判处拘役二个月，并处罚金人民币4000元。

一审判决后，被告人未提起上诉，检察机关未提起抗诉，该判决已发生法律效力。

【法官后语】

本案案情并不复杂，关键问题在于行为人的刑期如何起算，抑或说其因涉嫌犯妨害公务罪所羁押的时间能否折抵其犯危险驾驶罪的刑期。所谓刑期折抵制度，就是把被告人在审前羁押的期间换算成判决后执行刑期的一种制度。审前羁押在我国刑事诉讼过程中被大量运用，又直接影响对被告人自由的剥夺，但理论上对刑期折抵制度关注不多，司法实践中也有不同观点。

第一种观点认为，刑法明确规定“判决执行以前先行羁押的，羁押一日折抵刑期一日”，至于行为人先前被羁押行为与最终定罪行为是否系同一行为，并无限制，只要是在判决执行以前被先行羁押过即可，故对肖某某因此前涉嫌犯妨害公务罪而被羁押的期间应折抵刑期。

第二种观点认为，刑期折抵制度所针对的系同一行为，只有当行为人先前被羁押行为与最终定罪行为系同一行为时，才可以对其羁押时间予以折抵。本案中，肖某某被羁押的时间与其最终被判处刑罚的不是同一行为，故此前羁押的期间不应折抵刑期。

第三种观点认为，行为人先行羁押时间能否最终折抵刑期，不能一概而论。只有先前被羁押行为与最终定罪行为系同一行为，或者虽然不是同一行为，但二者之间存在密切关联时才可以予以折抵，当先前行为被作为定罪的从重情节予以评价的，理应折抵刑期。

笔者认为，第三种观点更值得肯定。从实践来看，当被采取强制措施的行为系单一行为，并最终被判有罪时，在进行刑期折抵时按照“同一行为”标准计算刑期一般争议不大。但如果公安机关对犯罪嫌疑人采取强制措施后，在侦查过程中又发现了其他罪行，进而对两项罪行并案或先后处理，后检察机关仅对其中一项罪行进行指控，或者法院仅对其中一项罪行认定为犯罪，此时针对未指控或未认定犯罪的行为所采取的先行羁押能否折抵刑期，则存在争议。如果按照绝对的“同一行为”标准，由于检察机关仅指控后续羁押的危险驾驶行为，法院也仅判决危险驾驶构成犯罪，那么只能将针对危险驾驶所采取的先行羁押折抵刑期，而针对前期的妨害公务事实所采取的先行羁押，就不能折抵刑期。但是，按照《中华人民共和国国家赔偿法》第十七条的规定，错拘错捕属于国家赔偿的范围，在妨害公务罪最终未予认定的情况下，则针对该行为所采取的拘留措施就失去了合法性依据，这样就存在一个国家需要承担赔偿义务，而被告人需要付出自由代价的问题。为此，当面对数个犯罪行为时，不应受制于评价单一行为的“同一行为”标准，而应当尽可能多地将先行羁押纳入刑期折抵中。由此观之，对于刑期折抵问题，可以采取“关联性”标准，即只要被采取先行羁押的数行为之间存在某种事实或程序上的关联，就可以将先行羁押时间进行刑期折抵。其中，事实上的关联是指，先前被强制剥夺或限制人身自由的事实理由与最终被处罚的犯罪行为之间罪名相同，或者属于同一选择性罪名，或者在法律、事实上有密切关联。这种密切关联体现在不同犯罪的构成要件存在交叉或者是犯罪行为之间存在因果关系、手段目的关系、条件关系等牵连关系上，如洗钱犯罪与上游犯罪，抢劫罪、盗窃罪与之后处理赃物的掩饰、隐瞒犯罪所得罪。而程序上的关联是指，前罪羁押与后罪的侦查、起诉、审判活动是连续进行的，且前罪羁押为后罪的刑事诉讼活动提供了一定保障，则不论先前羁押的行为与最终定罪行为是否一致，都应视羁押与该犯罪嫌疑人的犯罪行为存在关联，可以将羁押的时间折抵刑期。

具体到本案中，被告人肖某某醉酒后驾车闯卡，公安机关先对其闯卡的行为按照妨害公务罪进行侦查，后经侦查发现其行为尚不构成犯罪，遂对其取保候审，但在取保候审的当天，又以涉嫌犯危险驾驶罪对其刑事拘留。按照前述标准，肖某某醉酒后驾车闯卡的行为，既存在事实上的关联，又存在程序上的关联，虽然先前的妨害公务行为未予认定，但因涉嫌犯妨害公务罪而被羁押的期间，应当折抵后续危险驾驶罪的刑期。更何况法院在最终对被告人的危险驾驶罪进行量刑时，已将妨害公务的行为作为了一个从重情节予以考虑，在这种情况下，先前因涉嫌犯妨害公务罪而被的羁押期限不仅是可以折抵，而是变成了应当折抵。

编写人：北京市房山区人民法院　陈艳飞

31

前罪附加刑剥夺政治权利刑期的计算及罚金刑并罚的适用

——宋某诈骗案

【案件基本信息】

1. 裁判书字号

山东省淄博市中级人民法院（2022）鲁03刑终59号刑事裁定书

2. 案由：诈骗罪

【基本案情】

2005年6月22日，被告人宋某因犯抢劫罪、强迫卖淫罪、寻衅滋事罪被人民法院判处有期徒刑二十年，剥夺政治权利三年，并处罚金人民币3万元，2018年3月9日刑满释放。后宋某虚构做砂石料生意，需要周转资金、地下钱庄提前取款需交手续费等事由，多次诈骗35名被害人钱款共计638.13万元，所得钱款大部分用于网络赌博。2021年2月24日，被告人宋某因涉嫌犯诈骗罪被刑事拘留，同年4月2日被逮捕。

【案件焦点】

1. 前罪附加刑剥夺政治权利刑期如何计算；2. 罚金刑是否需要并罚。

【法院裁判要旨】

山东省高青县人民法院经审理认为：被告人宋某以非法占有为目的，虚构事实、隐瞒真相，骗取公私财物共计638.13万元，数额特别巨大，其行为已构成诈骗罪。

山东省高青县人民法院依照《中华人民共和国刑法》第二百六十六条、第五十二条、第五十三条第一款、第六十五条第一款、第六十四条、第六十一条，《最高人民法院、最高人民检察院关于办理诈骗刑事案件具体应用法律若干问题的解释》第一条之规定，作出如下判决：

一、被告人宋某犯诈骗罪，判处有期徒刑十四年，并处罚金人民币10万元；

二、责令被告人宋某退赔王淑云等35名被害人经济损失共计人民币636.15万元；

三、作案工具手机一部予以没收。

宋某不服一审判决提起上诉，主张与被害人之间系正常民间借贷和投资，不构成诈骗罪。

山东省淄博市中级人民法院经审理认为：上诉人宋某以非法占有为目的，虚构事实、隐瞒真相，骗取他人财物，数额特别巨大，其行为构成诈骗罪。宋某明知没有还款能力，使用欺骗手段骗取被害人财物，将所得钱款用于网络赌博或偿还其他个人欠款等，符合诈骗罪特征。宋某系累犯，依法应从重处罚。原审判决认定事实和适用法律正确，量刑适当，审判程序合法。依照《中华人民共和国刑事诉讼法》第二百三十六条第一款之规定，作出如下裁定：

驳回上诉，维持原判。

【法官后语】

剥夺政治权利的刑期，从徒刑、拘役执行完毕之日或者从假释之日起计算。该规定在行为人刑满释放未再犯新罪情况下，不存在理解困惑和执行障碍，反之，则可能存在剥夺政治权利刑期与新罪主刑执行期间交叉问题，进而引发剥夺政治权利是否并罚及效力范围等一系列问题。而现行法律及司法解释层面，对前罪主刑执行完毕，又犯新罪，前罪所判罚金是否需要并罚尚未明确。

一、关于剥夺政治权利刑期计算问题

一般而言，前罪尚未执行完毕的附加刑剥夺政治权利的刑期从新罪的主刑有期徒刑执行之日起停止计算。换言之，前罪剥夺政治权利的刑期计算至新罪主刑有期徒刑执行之日。具体理解适用上，尤其是对于新罪判决以前先行羁押的如何把握有以下两种不同意见。

第一种认为，前罪剥夺政治权利的刑期可计算至因涉嫌犯新罪被羁押之日。主要理由：一是可以与主刑刑期的实际起算时间一致；二是符合剥夺政治权利实际执行情况，有利于执行机关执行。

第二种认为，应将前罪剥夺政治权利刑期计算至新罪主刑有期徒刑执行之日。主要理由：第一，《中华人民共和国刑法》第四十七条规定，有期徒刑的刑期自判决执行之日起计算。判决执行以前羁押一日折抵刑期一日，系基于羁押亦属剥夺人身自由的性质决定，从维护人权，保障被告人权利角度，规定将羁押期间折抵刑期，与自判决执行之日起计算刑期并无矛盾。第二，《全国人民代表大会常务委员会关于县级以下人民代表大会代表直接选举的若干规定》明确，对被羁押，正在受侦查、起诉、审判，人民检察院或者人民法院没有决定停止行使选举权利的人员准予行使选举权利。故，行为人在羁押期间的政治权利并不当然完全被剥夺，其前罪剥夺政治权利刑期可以在羁押期间继续计算。第三，从文理解释角度讲，前罪尚未执行完毕的剥夺政治权利刑期停止计算时间点为“新罪主刑有期徒刑执行之日”，如若可以追溯至新罪被羁押之日，则仅需援用有期徒刑刑期计算与折顶的立法体例释明即可。当然，如果在生效判决作出之后、新罪有期徒刑执行之日前，前罪剥夺政治权利执行完毕，更不存在第一种意见的适用空间。笔者同意该意见。

二、关于前罪罚金是否需要并罚问题

司法实践中对是否要将前罪尚未执行完毕的罚金与新罪判处的刑罚并罚也存在两种不同意见。第一种认为，在新罪判决中对前罪尚未执行的罚金予以并罚，利于有效执行。第二种认为，罚金刑能否执行受被告人经济状况等多因素影响，前罪所判罚金没有执行完毕之前再犯罪的，不论后罪是否判处附加财产刑，均不应当实行并罚。笔者认为第二种意见更为妥当，主要理由是：现行法律法规及司法解释等对于罚金刑没有明确执行期限，罪犯不能全部缴纳罚金的，人民法院在任何时候发现被执行人有可以执行的财产，应当随时追缴，前罪对被告人被判处缴纳罚金的义务一直持续，由原判法院依法执行即可。在当前涉刑事财产执行现实情况下，实行并罚，除加大执行难度外，徒增执行尴尬外别无实际意义。

具体到本案，被告人宋某在前罪剥夺政治权利尚未执行完毕时又犯新罪且被羁押，但在一审宣判前，剥夺政治权利刑期已满，应当视为执行完毕，不需要与新罪数罪并罚。前罪所判罚金亦不应实行并罚。

编写人：山东省淄博市中级人民法院　张金　李晓晗

32

主刑无法减轻处罚，可仅对罚金刑减轻处罚

——于某某走私普通货物、物品案

【案件基本信息】

1. 裁判书字号

江苏省镇江市中级人民法院（2021）苏11刑初8号刑事判决书

2. 案由：走私普通货物、物品罪

【基本案情】

2017年4月至2020年2月，被告人于某某先后33次出境，前往机场免税店等地购买化妆品、护肤品、饰品等物共计2474件。为逃避海关监管、偷逃应缴税额，采用入境随身携带不申报、委托他人“包通关”等方式将上述货物走私进境，并通过微信等渠道在境内销售牟利，共计偷逃应缴税款人民币436695.07元。

另查明，2020年7月6日被告人于某某经海关缉私分局办案民警电话通知后主动到案，如实供述自己的罪行，并补缴税款366695.07元。被告人于某某销售各类走私物品违法所得共计136464元，在本院审理过程中已主动退缴。

【案件焦点】

于某某具有减轻处罚情节，主刑无法减轻处罚，能否仅对罚金刑减轻处罚。

【法院裁判要旨】

江苏省镇江市中级人民法院经审理认为：被告人于某某违反海关法规，逃避海关监管，走私普通货物，偷逃应缴税额较大，其行为已构成走私普通货物罪。被告人于某某犯罪以后自动投案，如实供述了自己的罪行，是自首，可对其主刑部分从轻处罚，罚金刑部分减轻处罚。被告人于某某认罪认罚，可以依法从宽处理。被告人于某某积极退缴偷逃的税款、退出全部违法所得，可酌情从轻处罚。综合考虑本案的具体情况及于某某的犯罪情节和悔罪表现，可依法对其适用缓刑。对辩护人提出的违法所得应当扣除差旅费用的相关辩护意见，经查，被告人于某某在侦查机关已如实供述了其在走私活动中所赚取的利润构成，侦查机关在扣除了其自用、帮其朋友、亲戚代购未赚取利润的部分后，据实认定了违法所得的数额，辩护人所称的差旅费用是其走私活动的犯罪成本，不应扣除，故辩护人的相关辩护意见不能成立，本院不予采纳。对辩护人提出的被告人于某某具有从轻、减轻处罚情节，可适用缓刑的相关意见，予以采纳。

江苏省镇江市中级人民法院依照《中华人民共和国刑法》第一百五十三条第一款第一项、第三款、第六十七条第一款、第七十二条第一款和第三款、第七十三条第二款和第三款、第六十四条，《最高人民法院、最高人民检察院关于办理走私刑事案件适用法律若干问题的解释》第十六条第一款，《中华人民共和国刑事诉讼法》第十五条、第二百零一条之规定，作出如下判决：

一、被告人于某某犯走私普通货物罪，判处有期徒刑一年六个月，缓刑一年六个月，并处罚金人民币 20 万元；

二、被告人于某某偷逃的应缴税款人民币 436695.07 元、违法所得人民币 136464 元予以追缴，上缴国库。

一审判决后，被告人未提起上诉，检察机关未提起抗诉，该判决已发生法律效力。

【法官后语】

1. 罪刑法定原则决定了罚金刑可以减轻处罚。《中华人民共和国刑法》第六十三条规定，犯罪分子具有本法规定的减轻处罚情节的，应当在法定刑以下判处刑罚；本法规定有数个量刑幅度的，应当在法定量刑幅度的下一个量刑幅度内判处刑罚。所谓“在法定刑以下判处刑罚”，是指在法定量刑幅度的最低刑以下判处刑罚。法定刑是指刑法分则条文中对每一具体犯罪所规定的应处的刑罚。刑罚的种类包括主刑和附加刑，如果刑法条文中为某一个罪名配置了附加刑，其当然是法定刑的一部分。当犯罪分子具有减轻处罚情节，需要在法定刑以下判处刑罚时，显然附加刑也要在法定刑以下判处刑罚。另外，《最高人民法院关于适用财产刑若干问题的规定》（以下简称《规定》）第二条第二款规定，对未成年人犯罪应当从轻或者减轻判处罚金，但罚金的最低数额不能少于500元，由此可知，人民法院可对罚金减轻处罚。

2. 主刑和罚金刑适用依据并不完全相同。实践中量刑时应当以事实为根据，以法律为准绳，根据犯罪的事实、性质、情节和对于社会的危害程度，决定判处的刑罚（主刑和附加刑）。当特定危害行为对应的法定刑包含附加财产刑时，则表明立法者强调对于此类危害行为的经济制裁。在对被告人适用罚金刑时，不仅要考虑上述因素，还要按照《规定》第二条的规定，避免出现空判，使犯罪分子切身感受到财产刑的惩戒作用，还应当综合考虑犯罪分子缴纳罚金的能力等经济情况。换言之，附加刑和主刑的适用时所考虑的因素并不完全相同，这就决定了同一情节可对主刑和附加刑产生不同的调节力度。

3. 罪责刑相适应原则是刑罚裁量的最终标准。根据《中华人民共和国刑法》第五条的规定，人民法院在对犯罪嫌疑人量刑时，应根据罪行的严重程度和影响刑事责任的各种因素来确定刑罚，做到罪、责、刑相适应，以实现刑事法治的合理、公正和刑事司法的权威。罪责刑相适应原则是建立刑法分则体系的重要根据之一，也是人民法院刑罚适用时必须考虑的原则。刑法分则中的每一个罪名的刑罚适用结果都必须是在罪刑法定原则框架下，通过各种量刑情节的适用，得出一个罪责刑相适应的结果。换言之，罪责刑相适应是人民法院刑法裁量的最终标准。

4. 本案中主刑从轻罚金刑减轻是最优选择。本案于某某系电话通知到案，认定为自首，可以从轻处罚或减轻处罚。首先，关于主刑，因为其犯罪事实所对应的法定刑幅度没有下一个量刑幅度，对其判处管制或者免予刑事处罚，明显过轻，不符合罪责刑相适应原则。综合考虑被告人自首、认罪认罚、退出违法所得、补缴税款等情节，对主刑只能在其犯罪事实相对应的幅度内判处较轻的刑罚，故我们采纳了检察院的量刑建议判处其有期徒刑一年六个月，并适用缓刑。其次，关于罚金刑，于某某偷逃应缴税款人民币436695.07元，案发后其补缴税款366695.07元，退出违法所得136464元，如果再对其判处偷逃应缴税款额一倍以上五倍以下罚金，即使选择最低档，其实际承担要经济制裁也高达100多万元，经济制裁偏重。考虑全案量刑情节及于某某经济状况，我们在偷逃应缴税款额一倍以下的50%左右判处罚金，已经使犯罪分子切身感受到财产刑的惩戒作用。综上，本案裁判结果，既对于某某起到了应有的惩治作用，也体现了罪责刑相适应的原则。

编写人：江苏省镇江市中级人民法院　丁力田　鲁照兴

（二）自首和立功

33

如何认定“如实供述主要犯罪事实”的内容与时间

——高某岭信用卡诈骗案

【案件基本信息】

1. 裁判书字号

北京市第二中级人民法院（2021）京02刑终47号刑事判决书

2. 案由：信用卡诈骗

【基本案情】

被告人高某岭于2019年12月至2020年1月，在未经被害人肖某同意的情况下，通过电话银行等渠道，以办理挂失方式取得被害人肖某名下的银行卡及信用卡后持卡透支；截至案发，被告人高某岭冒用被害人肖某名下上述信用卡在本市西城区等地透支共计人民币49751元，被告人高某岭于2020年1月15日，经民警电话通知后自行到公安机关接受询问。

【案件焦点】

本案的关键在于是否能认定上诉人（原审被告人）高某岭具有如实供述情节。

【法院裁判要旨】

北京市西城区人民法院经审理认为：被告人高某岭已构成信用卡诈骗罪，在尚未被司法机关采取强制措施的情况下，能在接民警电话通知后自行到公安机关接受调查，并能如实供述基本犯罪事实，系自首，依法可从轻处罚。被告人高某岭认罪认罚的情况，对其从宽处罚。北京市西城区人民法院作出如下判决：

一、被告人高某岭犯信用卡诈骗罪，判处有期徒刑一年六个月，并处罚金人民币5万元；

二、责令被告人高某岭退赔人民币49751元，发还被害人肖某；

三、扣押于北京市公安局西城分局的手机一部予以没收。

北京市西城区人民检察院提起抗诉，被告人提起上诉。

北京市第二中级人民法院经审理认为：上诉人（原审被告人）的行为已构成信用卡诈骗罪。关于辩护人所提高某岭有自首情节，主观恶性较小，愿意积极赔偿，自愿认罪认罚，认罪态度较好，请求对其判处比原判更轻的刑罚的辩护意见，经查，高某岭到案后未及时如实供述其冒用他人信用卡的事实，不能认定有自首情节。北京市第二中级人民法院依照《中华人民共和国刑法》第一百九十六条第一款第三项、第五十二条、第五十三条、第六十一条、第六十四条，《中华人民共和国刑事诉讼法》第二百三十六条第一款第一项和第二项、第二百三十七条，《最高人民法院、最高人民检察院关于办理妨害信用卡管理刑事案件具体应用法律若干问题的解释》第五条，《最高人民法院关于适用财产刑若干问题的规定》第二条、第五条之规定，作出如下判决：

一、维持北京市西城区人民法院（2020）京0102刑初481号刑事判决主文第二项、第三项，即责令被告人高某岭退赔人民币49751元，发还被害人肖某；扣押于北京市公安局西城分局的手机一部，予以没收，由扣押机关负责处理；

二、撤销北京市西城区人民法院（2020）京0102刑初481号刑事判决主文第一项，即被告人高某岭犯信用卡诈骗罪，判处有期徒刑一年六个月，并处罚金人民币5万元；

三、上诉人（原审被告人）高某岭犯信用卡诈骗罪，判处有期徒刑二年六个月，并处罚金人民币5万元。

【法官后语】

本案的争议焦点之一是上诉人（原审被告人）高某岭是否构成自首，而是否构成自首的关键在于能否认定其到案后如实供述。

经审理查明，上诉人（原审被告人）高某岭一直使用被害人肖某实名注册的手机号码，在肖某已经注销其名下信用卡的情况下，高某岭在肖某不知情的情况下，使用肖某名下手机号码通过手机银行申领了肖某名下信用卡副卡，并透支消费49 751元。肖某及其姐姐肖某1到公安机关报案，高某岭于2020年1月15日经公安机关电话传唤到案，其第一次接受公安机关询问时称其是与肖某一起在网上开通的信用卡，并称肖某知道其在使用该信用卡，但不是对每一笔消费都知情。在次日第一次接受公安机关讯问时，高某岭改口称：其带肖某去银行柜台激活了副卡，肖某把信用卡放在其处，肖某对透支之事并不知情。

二审生效判决认为，高某岭不构成如实供述，理由如下：一是如实供述应当发生在到案后第一次供述或者侦查机关掌握其主要犯罪事实之前。关于何时供述才能认定如实供述，需要结合司法解释规定和自首的制度价值及其精神实质进行把握。如实供述分为两种情况，一种是到案后即如实供述，即使后来翻供，在一审判决前又能如实供述的也可以认定；另一种是到案后没有如实供述，但司法机关尚未掌握其主要犯罪事实，在司法机关掌握主要犯罪事实之前又如实供述的。就自首的制度价值而言，自首制度的初衷在于鼓励犯罪嫌疑人主动交代，节约司法资源，提高办案效率，同时展示其犯罪悔改和愿意接受国家改造的态度。因此，在司法机关已经掌握犯罪嫌疑人主要犯罪事实的情况下，被告人到案后第一次供述就应当如实供述，否则既不能体现其主观悔改意愿，客观上也起不到提高司法机关办案效率的作用。在司法机关尚未掌握犯罪事实的情况下，犯罪嫌疑人在司法机关掌握主要犯罪事实之前如实供述的，仍然可以起到节约司法成本的作用，可以认定为如实供述。

二是主要犯罪事实应当包括具有构成要件意义的犯罪事实。如实供述自己的罪行，是指犯罪嫌疑人自动投案后，如实交代自己的主要犯罪事实。主要犯罪事实应当至少包括涉及是否够罪和涉及犯罪定性的事实。犯罪嫌疑人供述构成要件事实之外的情况，既不能帮助侦查机关确定侦查方向，节约司法资源，也不能反映嫌疑人认罪悔罪的主观心态，因而不能认定为如实供述，更不能认定为自首。

本案中，公安机关在被害人及其亲属报案后，已经掌握了对信用卡诈骗使用的手机号码、信用卡号码、透支流水和主要犯罪手段等犯罪事实，可以视为司法机关已经掌握了主要犯罪事实，应以高某岭到案后第一次接受询问时的供述内容，作为判断其是否供述的基础。高某岭首次供述仅承认其透支了被害人信用卡 49751 元，同时辩称被害人知道其在使用涉案信用卡，只是对每笔信用卡透支数额不太了解，其实际上否认了冒用他人信用卡的指控，不认可自己构成信用卡诈骗罪，因而不应认定为如实供述了主要犯罪事实。

编写人：北京市第二中级人民法院　王璇

34

自首后未对其采取强制措施，刑事立案后逃避侦查的不能认定自首

——康某交通肇事案

【案件基本信息】

1. 裁判书字号

河南省安阳市中级人民法院（2021）豫 05 刑终 364 号刑事裁定书

2. 案由：交通肇事罪

【基本案情】

2020年12月31日5时10分许，被告人康某驾驶豫A×××××号小型轿车沿某路自西向东行驶至河西街停车场前路段时，与自北向南步行过马路的耿某相撞，造成耿某当场死亡，车辆损坏的交通事故。经公安局物证鉴定室鉴定，耿某系颅脑损伤死亡。此事故经公安交警大队认定，被告人康某负主要责任，耿某负次要责任。被告人康某对事故责任划分不服，申请复核，经公安局交通管理支队复核，对交警大队的事故责任认定予以维持。

另查明：事故发生后，被告人康某拨打110报警，并在现场等待交警处理，接受调查时如实供述了事故发生的经过。该案刑事立案后，经民警电话通知，被告人康某未主动到案，于2021年2月10日被民警抓获归案。被告人康某驾驶的豫A×××××号小型轿车在保险公司河南分公司投保交强险和商业三者险，被害人耿某近亲属就民事赔偿部分向本院另行提起民事诉讼，经人民法院审理，于2021年5月21日作出（2021）豫0526民初1657号民事判决，判令保险公司赔偿各项损失共计243123.36元。

【案件焦点】

被告人自首后，公安机关未采取强制措施，随后要求被告人到案接受处理，被告人虽未离开生活场所但拒不到案，能否认定为逃跑，进而影响自首的认定。

【法院裁判要旨】

河南省滑县人民法院经审理认为：被告人康某在道路上驾驶机动车违反交通运输管理法规，因而发生重大交通事故，造成一人死亡，负事故的主要责任，其行为已构成交通肇事罪。案发后，被告人康某及时拨打110报警，并在现场等待交警处理，量刑时酌情考虑。但在刑事立案后，经办案民警通知其未主动到案，后被民警抓获，依法不构成自首。被告人康某当庭自愿认罪认罚，依法从宽处理。

河南省滑县人民法院依照《中华人民共和国刑法》第一百三十三条、《最高人民法院关于审理交通肇事刑事案件具体应用法律若干问题的解释》第二条第一款第一项、《中华人民共和国刑事诉讼法》第十五条之规定，作出如下判决：

被告人康某犯交通肇事罪，判处有期徒刑一年三个月。

宣判后，原审被告人康某不服，提起上诉。河南省安阳市中级人民法院在审理过程中，上诉人康某申请撤回上诉。

河南省安阳市中级人民法院经审理认为：原审认定上诉人康某犯交通肇事罪的事实清楚，证据确实、充分，定罪准确，量刑适当，审判程序合法。经查，审理期间上诉人康某申请撤回上诉，符合法律规定，予以准许。

河南省安阳市中级人民法院依照《最高人民法院关于适用〈中华人民共和国刑事诉讼法〉的解释》第三百八十三条第二款、第三百八十六条之规定，作出如下裁定：

准许上诉人康某撤回上诉。

【法官后语】

本案中，关于被告人康某的行为是否影响自首的认定，研究时存在两种不同意见。

第一种意见认为，康某在发生交通事故后主动报案并在现场等待，到案后如实供述，应构成自首，刑事立案后办案民警要求康某到公安机关接受处理，康某拒接电话并关机，但未离开生活场所，表现的仅是不服从，不属于逃跑，不符合《最高人民法院关于处理自首和立功具体应用法律若干问题的解释》（以下简称《解释》）第一条的规定，不影响自首的认定。第二种意见认为，在刑事立案后，经办案民警通知，康某明知的情况下，故意关闭手机，属于逃避侦查，后被民警抓获，康某不具有接受法律惩处的意愿，依法不构成自首。

笔者赞同第二种意见。犯罪嫌疑人在发生交通事故后自首，但在刑事立案后，经办案民警通知其未主动到案，后被民警抓获的，不符合《中华人民共和国刑法》（以下简称《刑法》）关于自动投案的成立要件。理由如下：

一、康某在交通肇事后自首，但在刑事立案后，经办案民警通知，康某逃避侦查，未主动到案，不符合《刑法》关于自动投案的成立条件。

1. 康某在交通肇事后自首，在事故责任认定前未被羁押，待事故责任认定作出后，刑事已经立案，经办案民警通知康某，康某却不接电话，关闭手机，逃避侦查，不具备自首的自动性。

自动性不仅要求行为人出于本人的意志将自己的人身置于司法机关的控制之下接受审查、制裁，意味着犯罪嫌疑人的投案应当只针对其犯罪行为本身，而不涉及对其他行为或情节的评价。根据《刑法》第六十七条第一款的规定，犯罪以后自动投案，如实供述自己的罪行的，是自首。对于自首的犯罪行为人，可以从轻或者减轻处罚。如果犯罪较轻，甚至可以免除处罚。这是法律为了鼓励犯罪行为人主动投案、主动承担刑事责任而设立的制度。本案中，被告人在得知事故责任认定书作出后，可能遭受刑事处罚，在公安机关通知其到案时，故意关闭联系方式，逃避侦查，表明其不愿意接受司法机关的制裁，不能体现其悔罪态度，不符合自首的构成要件中“自动性”的要求。

2. 自首后，未被采取强制措施前又逃避侦查的，不符合成立自首所要求的自动投案。

《刑法》上对于自首的“如实供述”和“自动投案”是有时间限制的。《解释》第一条第二项规定，犯罪嫌疑人自动投案并如实供述自己的罪行后又翻供的，不能认定为自首；但在一审判决前又能如实供述的，应当认定自首，根据该规定，如实供述的时间应该在犯罪嫌疑人投案时，之后法律上虽允许嫌疑人在思想上有所“动摇”，但最迟在一审判决前。《解释》第一条第一项规定的“自动投案”，是指犯罪事实或者犯罪嫌疑人未被司法机关发觉，或者虽被发觉，但犯罪嫌疑人尚未受到讯问、未被采取强制措施时，主动、直接向公安机关、人民检察院或者人民法院投案。根据该规定，自动投案的时间应在犯罪以后、被采取强制措施之前。自动投案应包含在被采取强制措施前的全部过程，而不仅仅限于起初或者中间某个时间点，康某在采取强制措施前反悔，不符合自动投案的时间要求。

3. 认定康某不属于自首，符合《解释》的规定。

《解释》第一条第一项规定，犯罪嫌疑人自动投案后又逃跑的，不能认定为自首，自动投案与如实供述不同。是否如实供述，法律允许犯罪嫌疑人有所反复，但是否自动投案应是一次性判断，具有不可逆性。这里的逃跑应包含着两层含义，一是脱离控制，逃避侦查；二是不愿接受司法制裁，两者达到其中之一就应认定为逃跑，而不能仅限于脱离控制。

康某在得知交通事故认定书结果后，明知构成犯罪，却故意不接侦查人员电话，并关闭手机，虽不像传统意义上的逃往他处，但主观上明显具有逃避侦查、不愿接受司法制裁的意愿，应视为逃跑。

二、将该行为认定为自首，不符合自首制度的价值导向

自首制度的宗旨是鼓励犯罪嫌疑人自动投案，一方面促使犯罪嫌疑人悔过自新，反映其主观恶性和人身危险性相对降低；另一方面节约司法资源，使案件得以及时侦办处理。

本案中，康某在得知刑事立案后，关闭手机，从而导致侦查人员重新布控抓捕，并没有节约司法资源，反而会耗费更多的司法资源，其行为不符合自首的本意。

当然，康某在交通事故发生后及时报案，积极救助也有其价值，不认定该情形属于自首，并不影响将其作为归案后如实供述、认罪态度较好等酌定从宽情节在量刑时予以考虑。司法机关综合评判被告人前后两个情节对量刑的不同影响后，可以做到罪责刑相适应。因此，本案中一审法院未认定被告人康某不构成自首，但对其案发后及时报警、如实供述等给予肯定并酌情从轻处罚是正确的。

编写人：河南省安阳市中级人民法院　申江波

35

行为人供述犯罪事实但辩解的行为是否构成自首

——李某岳徇私枉法案

【案件基本信息】

1. 裁判书字号

福建省厦门市中级人民法院（2021）闽02刑终第381号刑事裁定书

2. 案由：徇私枉法罪

【基本案情】

2019年2月，因涉嫌危险驾驶罪被A公安分局取保候审的马某，为了获取立功机会以争取较轻处罚，辗转通过苏某、李乙找B公安分局副局长何某帮忙。何某随后请托时任B公安分局禁毒大队教导员的被告人李某岳，李某岳违法将其管理在册的特情人员谢某云的电话号码通过何某提供李乙转给马某。同时，李某岳给谢某云打电话告知：想立功的马某会与其联系。马某与谢某云见面后，谢某云答应帮助马某寻找立功线索，并向李某岳提议由马某配合其经营贩毒线索，李某岳同意。其后，谢某云开始寻找贩毒线索。2019年3月，经谢某云提议，李某岳同意马某加入谢某云发现的两名贩毒嫌疑人的线索经营活动，但未获成功。2019年3月6日，谢某云获得一条A国人贩毒的信息，向B公安分局禁毒大队汇报后，获准继续经营，并由B公安分局禁毒大队工作人员购买毒品样品。其间，马某亦被安排加入线索经营活动，充当买家、接送毒贩。该线索经营至同年4月7日，B公安分局决定对谢某云发现并提供线索、B公安分局禁毒大队已作登记并进行了前期毒品样品取证的贩毒案犯罪嫌疑人王某东等实施抓捕，李某岳将该线索安排给C派出所立案以及实施具体抓捕工作，安排李丙带马某到C派出所报案。当晚公安机关在约定交易地点抓获毒贩王某东等并缴获毒品，马某充当买家携毒资出现在抓捕现场。案件破获后，李某岳将贩毒案已破获的情况简要向何某作了反馈。事后，C派出所根据李某岳的意见为马某作为举报人出具《举报情况说明》。马某将《举报情况说明》提交A检察院，用以证明其具有举报贩毒线索的立功情节。

为审查核实立功问题，A检察院先后两次将马某涉嫌危险驾驶犯罪的案件退回补充侦查。2019年12月24日，A法院一审判决认定马某提供他人贩卖毒品线索的来源不合法，不构成立功。马某不服，提出上诉。二审期间，马某申请撤回上诉获准。2019年11月7日，被告人李某岳接厦门市人民检察院电话通知后到该院接受调查。

【案件焦点】

1. 被告人是否构成徇私枉法罪；2. 被告人主动投案后供述主要犯罪事实，但对行为性质进行辩解，是否构成自首。

【法院裁判要旨】

福建省厦门市海沧区人民法院经审理认为：被告人李某岳身为司法工作人员，违反法律规定，将特情人员身份及信息外泄，允许他人加入贩毒线索经营和侦查工作，意图帮助使罪重的人受较轻的追诉，其行为已构成徇私枉法罪。公诉机关指控的罪名成立。但李某岳不存在故意隐瞒事实的情况，因马某和谢某云同时到C派出所制作询问笔录，均陈述贩毒案件线索来源于谢某云以及马某准备现金配合抓捕等方面的情况，所形成的两份《询问笔录》与《关于举报情况的说明》一并作为立功证明材料提交到A检察院，无法隐瞒线索来源于谢某云的事实。李某岳对于《询问笔录》和《关于举报情况的说明》的内容都没有刻意部署和交代，事后亦未就内容进行审核，不能认定其有意隐瞒事实。被告人李某岳自动投案，如实供述主要犯罪事实，虽在自述材料和之后的讯问、庭审中存在供述不一致，但始终对主要犯罪事实如实供述，其行为构成自首，可以从轻或减轻处罚。被告人李某岳虽构成犯罪，但其犯罪情节相对较轻，法院综合考虑李某岳具有自首情节，结合其在禁毒工作中的一贯表现，决定对其宣告缓刑。李某岳及其辩护人关于无罪的辩护意见，于法不符，不予采纳。

福建省厦门市海沧区人民法院依照《中华人民共和国刑法》第三百九十九条第一款、第六十七条第一款、第七十二条、第七十三条之规定，经审委会讨论，作出如下判决：

被告人李某岳犯徇私枉法罪，判处有期徒刑六个月，缓刑一年。

被告人李某岳持原审辩解提出上诉。福建省厦门市中级人民法院同意一审法院的裁判意见，依照《中华人民共和国刑事诉讼法》第二百三十六条第一款第一项之规定，裁定如下：

驳回上诉，维持原判。

【法官后语】

徇私枉法罪侵犯的客体是刑事追诉活动的正当性及公民的自由与权利，主观上要求行为人是故意犯罪并具有徇私情、私利的动机，客观表现具有枉法行为。本案的争议焦点亦围绕主观动机和客观行为展开，最终认定被告人为徇私情，违反规定，意图使罪重的人受较轻的追诉，构成徇私枉法罪。

一、李某岳行为构成徇私枉法罪

被告人李某岳时任禁毒大队教导员，符合徇私枉法罪司法工作人员的主体身份。本案重点在于判断主观上被告人对枉法事实是否明知，且出于徇私动机，客观表现上是否具有枉法行为。

首先，应根据客观事实认定徇私动机。第一，李某岳将线人联系方式外泄的动机不纯正。何某为帮犯罪嫌疑人立功向李某岳索要特情联系方式，并非出于工作所需。第二，李某岳明知马某的目的，仍多次安排马某加入缉毒工作，希望马某能获得立功材料。第三，在案件破获后，其确有向并不分管禁毒工作的上级领导何某就此案进行反馈。由此可认定，李某岳从提供谢某云的联系方式给何某开始，到允许马某加入缉毒工作，再到同意给马某出具情况说明，直至向何某反馈结果，是一个连贯、完整的行为，始终具有徇私动机。

其次，李某岳的枉法行为表现在违反法律规定，泄露侦查秘密，滥用职权，不当安排马某加入缉毒线索经营工作，意图使马某取得立功材料并可能受到较轻处罚。第一，李某岳违反法律规定在私人交往中泄露特情的身份及联系方式。谢某云作为特情的身份与其联系方式是警务工作秘密，是公安机关同毒品犯罪作斗争、打击毒品犯罪的秘密工作。何某不是分管禁毒工作的领导，其请托特情联系方式用以为他案犯罪嫌疑人立功提供帮助，无论帮助教授立功方法还是帮助完成立功，均非因公所需，属于在私人交往中涉及的国家秘密。李某岳接受请托，虽未实现或追求其他不正当的目的，但已利用职权为权情交易积累砝码。第二，李某岳违反程序允许马某加入侦查工作。缉毒工作使用特情必须严格履行审批手续，不能单凭一己主观判断，以犯罪嫌疑人愿意出资、甘冒风险作为马某行为合法化依据。被告人李某岳明知马某的特定目的仍允许马某的加入，对于司法公信力和权威造成损害，可能成为司法腐败、特情人员权钱交易的导火索。被告人李某岳违反法律规定，同意谢某云的提议，使马某通过加入缉毒线索经营工作获得举报情况说明，妨害司法活动的正常进行，符合徇私枉法罪的客观构成要件。

二、李某岳具有自首情节

本案的另一争议焦点在于判断被告人是否系自首。案件办理过程中，被告人李某岳改变、否认、增加部分事实，庭审中否认其因私动机，对行为性质进行辩解，但对于因私向外提供特情的身份和联系方式、同意犯罪嫌疑人马某参与禁毒案件线索经营、同意给马某出具可能被认定为立功的情况说明，破案后向何某反馈等主要事实，基本如实供述。被告人的因私动机和行为定性，需要综合判断，不能因为被告人进行了自我辩解而否定其供述的如实性。因此，李某岳自动投案，虽然存在供述不一致之处，但不影响对其自首的认定。

本案从罪名的构成要件出发，围绕双方的争议焦点展开论证，对行为性质准确裁判，同时认定被告人具有自首情节，结合其在禁毒工作中的一贯表现，决定对其宣告缓刑，做到宽严相济，罪刑均衡。

编写人：福建省厦门市海沧区人民法院　芦絮　邱碧蓉

36

自动投案应当体现犯罪嫌疑人投案的主动性和自愿性

——沈某兵故意杀人案

【案件基本信息】

1. 裁判书字号

最高人民法院（2021）最高法刑核 48605317 号刑事裁定书

2. 案由：故意杀人罪

【基本案情】

被告人沈某兵和雷某某系小学同学，两人成年后分别组建家庭。2016 年左右，两人婚外发生性关系，后沈某兵离婚，追求雷某某。2017 年 2 月，沈某兵到深圳和雷某某共同生活在雷某某租住的某小区某楼×××房，其间两人因雷某某离婚问题经常发生争执。2018 年 6 月 29 日，雷某某小儿子即被害人胡某放暑假来深圳探望母亲，三人住在一起。同年 8 月 28 日 17 时许，沈某兵因雷某某离婚问题长期不能解决，心生怨恨，决定杀胡某泄愤，遂出门来到租住处附近的五金店购买了一把铁锤。回到住处后，沈某兵趁胡某玩手机时，拿铁锤朝胡某的头顶、后脑、脖子连砸数下，又拿菜刀砍下电熨斗的插头线，用线缠住胡某的脖子挂在床头柱子上，确认胡某死亡，沈某兵清理屋内血迹后逃离现场。2018 年 8 月 31 日中午，沈某兵被巡查水库的保安发现并报警抓获。经鉴定，死者胡某系被绳索缢颈造成机械性窒息死亡，合并被他人用钝器击打头部造成颅脑损伤死亡。

【案件焦点】

本案被告人自动投案的认定。

【法院裁判要旨】

广东省深圳市中级人民法院经审理认为：被告人沈某兵故意非法剥夺他人的生命，其行为已构成故意杀人罪。案发后侦查机关发现沈某兵逃往附近公园并告知水库管理处，数名保安巡查至水库东北角发现沈某兵，沈某兵看到保安员后喊叫挥手，保安上前对沈某兵表明自己是杀人犯，随后保安通知民警到场将其抓获。从沈某兵喊叫和挥手示意等情况看其有自愿承担刑事责任的意愿和行为，归案后如实供述罪行，可认定自首。广东省深圳市中级人民法院依照《中华人民共和国刑法》第二百三十二条、第四十八条、第五十七条、第六十四条，《最高人民法院关于适用〈中华人民共和国刑事诉讼法〉的解释》第一百五十五条之规定，作出如下判决：

一、被告人沈某兵犯故意杀人罪，判处死刑，剥夺政治权利终身；

二、作案工具锤子一把、电源线一条予以没收，由公安机关依法处理；

三、由被告人沈某兵赔偿刑事附带民事诉讼原告人胡某武、雷某某丧葬费、交通费、误工费、住宿费等共计人民币83272元，限于判决生效后三个月内支付；

四、驳回刑事附带民事诉讼原告人胡某武、雷某某的其他诉讼请求。

沈某兵以有自首情节但没有从宽处罚为由提起上诉。

广东省人民检察院出庭意见认为，沈某兵具有主动投案并愿意接受惩处的情节，具备认定自首的条件。

广东省高级人民法院经审理认为：沈某兵在被公安布控抓捕过程中，因不愿被公安抓获，使自己陷于生命健康重大危险之中，已根本没有条件和机会逃避抓捕，失去了自动的客观前提，在进行搜捕的保安员已将其包围形成事实上的控制下，沈某兵主动向保安员表明杀人犯身份是因客观条件使其别无选择，迫不得已而为之，故沈某兵没有主动投案，依法不能认定自首。依照《中华人民共和国刑事诉讼法》第二百三十六条第一款第一项的规定，作出如下裁定：

驳回上诉，维持原判。

根据《中华人民共和国刑事诉讼法》第二百四十六条之规定，对沈某兵的死刑判决依法报请最高人民法院核准。

最高人民法院经复核，依照《中华人民共和国刑事诉讼法》第二百四十六条、第二百五十条和《最高人民法院关于适用〈中华人民共和国刑事诉讼法〉的解释》第四百二十九条第一项的规定，作出如下裁定：

核准广东省高级人民法院（2020）粤刑终309号维持第一审以故意杀人罪判处被告人沈某兵死刑，剥夺政治权利终身的刑事裁定。

【法官后语】

本案在沈某兵杀害胡某的事实认定上并无争议，全案焦点集中在沈某兵杀人后逃跑在被围捕过程中喊叫、挥手示意保安员并主动表明嫌疑犯身份的行为能否认定是自动投案。因沈某兵归案后对杀害被害人供认不讳，因此判断其是否构成自首的关键在于其是否具有自动投案的情节，关于此点，一审、二审的检察机关和法院均持不同意见。

自动投案，是指犯罪事实或者犯罪嫌疑人未被司法机关发觉，或者虽被发觉，但犯罪嫌疑人尚未受到讯问、未被采取强制措施，主动、直接向公安机关、人民检察院或者人民法院投案。《最高人民法院关于处理自首和立功具体应用法律若干问题的解释》《最高人民法院、最高人民检察院关于办理职务犯罪案件认定自首、立功等量刑情节若干问题的意见》《最高人民法院关于处理自首和立功若干具体问题的意见》对"自动投案"的具体认定列举了多种情形，但审判实践中能够完全对号入座认定自动投案的仍占少数，需要司法机关根据案件具体情况进行甄别。

沈某兵的上述行为是否系自动投案，必须结合具体证据对案件情形进行判断——自动投案必须体现犯罪嫌疑人投案的主动性和自愿性。沈某兵作案后逃亡他处，自杀未遂处于濒死边缘，公安已锁定其藏匿地点并联合当地保安进行围捕是客观情形，二审详尽分析证据，从多个维度论证沈某兵在上述情形下根本无条件和机会逃避抓捕，已不具备逃跑条件，不属于"能逃而不逃"的情形，而是处于"逃无可逃"、别无选择的情形，失去了自动的客观前提；被保安员发现后沈某兵主动呼叫并表明嫌疑犯身份是因遭遇生命、健康的重大危险为自救迫不得已而为之，并非主动自愿所为。综上，沈某兵不具有投案的主动性和自愿性，不能认定自动投案，其归案后如实供述主要犯罪事实也不能认定自首。最高人民法院复核审亦确认沈某兵自杀未果后被抓获归案，不具有自首情节。

本案是死刑案件，认定被告人系自首还是坦白，有可能对其量刑产生巨大影响，审理该类案件，要有全局观、大局观，一定要深刻理解自首制度的意义，准确认定自首，做到量刑有据，二审法院没有回避争议焦点，从程序、实体两个角度入手，一方面让检察机关、沈某兵及其辩护人对自首、量刑等充分发表意见，另一方面逐一厘清查实影响沈某兵定罪量刑的各个情节，通过案件审理，再次明确：刑法设立自首制度的初衷是鼓励犯罪分子悔过自新，不再继续犯罪，而非让犯罪分子未被采取刑事强制措施之前能逃就逃，只能无路可逃时才抓住时机“投案”。

编写人：广东省高级人民法院　王雪

（三）数罪并罚

37

对判决宣告前已发现但未并案处理的漏罪是否应当并罚

——周某昆、蒋某朝贩卖毒品案

【案件基本信息】

1. 裁判书字号

湖南省衡阳市中级人民法院（2021）湘04刑终491号刑事裁定书

2. 案由：贩卖毒品罪

【基本案情】

1. 2018年5月9日左右的一天20时许，被告人蒋某朝、周某昆收取彭某现金250元，从周某明（另案处理）手中以200元的价格购买了1小包甲基苯丙胺和2粒甲基苯丙胺片剂，再到某路口加油站附近，将毒品交给彭某。

2. 2018年5月15日，彭某电话联系被告人周某昆帮其购买200元毒品，周某昆以200元价格从周某明处购得1小包甲基苯丙胺和2粒甲基苯丙胺片剂后，到某路口交给彭某，彭某当场付了250元现金给周某昆。

3. 2018年5月19日20时许，彭某电话联系被告人周某昆、蒋某朝帮其购买毒品，周某昆、蒋某朝以赊欠的方式从周某明手中购买了6粒甲基苯丙胺片剂，准备以200元价格贩卖5粒给彭某。后，两人在从周某明处返回祁东途中被公安局民警查获，并当场从周某昆身上缴获6粒甲基苯丙胺片剂。经公安局刑事科学技术研究所鉴定，从中检出甲基苯丙胺、咖啡因成分。

另查明，被告人周某昆于2012年9月8日、2017年6月4日、2018年5月20日、2020年11月13日分别因吸毒被公安局行政拘留；2018年10月23日因容留他人吸毒罪被本院判处有期徒刑七个月，罚金2000元，2018年12月18日刑满释放；2018年5月20日、2020年11月25日分别因吸毒被公安局强制隔离戒毒三年、二年。被告人蒋某朝于2015年3月10日因吸毒被公安局行政拘留十五日；2018年5月20日因吸毒被公安局行政拘留十二日，罚款1000元，并责令社区戒毒三年。

【案件焦点】

1. 被告人周某昆漏罪贩卖毒品罪何时被发现的；2. 在判决宣告前已发现但未并案处理的漏罪贩卖毒品罪是否应当并罚。

【法院裁判要旨】

湖南省祁东县人民法院经审理认为：被告人周某昆、蒋某朝违反国家毒品管理法规，明知是毒品仍予以贩卖，其行为均已构成贩卖毒品罪，被告人周某昆情节严重，且其中第一起、第三起系共同犯罪，应当依法追究其刑事责任。公诉机关指控被告人周某昆、蒋某朝犯贩卖毒品罪的事实清楚，证据确实、充分，所指控的罪名成立。被告人周某昆、蒋某朝曾因吸食毒品多次被行政处罚，具有吸毒劣迹，可以酌情从重处罚。被告人周某昆、蒋某朝2018年5月19日准备贩卖给他人的毒品在交易前被查获，未流入社会，量刑时可以酌情从轻处罚。被告人周某昆、蒋某朝归案后能如实供述其犯罪事实并当庭自愿认罪，系坦白，依法可以从轻处罚。被告人周某昆因犯容留他人吸毒罪，于2018年10月23日被本院判处有期徒刑七个月，并处罚金2000元，于2018年12月18日刑满释放。其所犯本罪作案时间为2018年5月，系漏罪，且其所犯本罪于2018年5月30日与其所犯容留他人吸毒罪同时被祁东县公安局决定立案侦查，因公安机关尚需对其涉嫌贩卖毒品犯罪进一步侦查，未能与容留他人吸毒案并案处理，而是分案先后处理，导致容留他人吸毒案已被先行判决。故其所犯本罪属于《中华人民共和国刑法》第七十条规定的"判决宣告以后，刑罚执行完毕以前，发现被判刑的犯罪分子在判决宣告以前还有其他罪没有判决"的情形，应当对其所犯的贩卖毒品罪作出判决，把其犯贩卖毒品罪和犯容留他人吸毒罪两个判决所判处的刑罚，依照《中华人民共和国刑法》第六十九条的规定，数罪并罚，决定执行的刑罚。已经执行的刑期，应当计算在新判决决定的刑期以内。被告人周某昆、蒋某朝的辩护人建议对其均从轻处罚的理由成立，本院予以采纳，公诉机关的量刑建议合法，本院予以支持。结合被告人周某昆、蒋某朝的犯罪事实、犯罪性质、情节、社会危害性及悔罪态度，为维护社会秩序，惩治毒品犯罪，依照《中华人民共和国刑法》第三百四十七条第一款、第四款、第七款，第二十五条第一款，第五十二条，第五十三条，第六十一条，第六十七条第三款，第六十九条，第七十条及《最高人民法院关于审理毒品犯罪案件适用法律若干问题的解释》第四条第一项之规定，作出如下判决：

一、被告人周某昆犯贩卖毒品罪，判处有期徒刑三年，并处罚金人民币3000元；与前罪容留他人吸毒罪所判决的有期徒刑七个月，并处罚金人民币2000元，实行并罚，决定执行有期徒刑三年五个月，并处罚金人民币5000元；

二、被告人蒋某朝犯贩卖毒品罪，判处有期徒刑一年，并处罚金人民币2000元。

一审宣判后，在法定期限内，上诉人蒋某朝提出上诉，认为其有自首情节，并认罪认罚，又系初犯，请求从轻或减轻处罚。

湖南省衡阳市中级人民法院经审理认为：上诉人蒋某朝、原审被告人周某昆违反国家毒品管理法规，明知是毒品而仍予以贩卖，其行为均已构成贩卖毒品罪。原审被告人周某昆多次贩卖毒品，情节严重。上诉人蒋某朝、原审被告人周某昆均参与第一起、第三起贩卖毒品的犯罪行为，系共同犯罪，应当依法追究二人的刑事责任。上诉人蒋某朝、原审被告人周某昆曾因吸食毒品多次被行政处罚，具有吸毒劣迹，可酌情从重处罚。在第三起贩卖毒品的犯罪中，因毒品在交易前被查获，未流入社会，可酌情从轻处罚。上诉人蒋某朝、原审被告人周某昆到案后如实供述其犯罪事实，系坦白，依法可以从轻处罚。2018年10月23日，原审被告人周某昆因犯容留他人吸毒罪被湖南省祁东县人民法院判处有期徒刑七个月，并处罚金2000元。因其犯本罪的时间为2018年5月，系漏罪，应当按照《中华人民共和国刑法》第六十九条、第七十条规定，数罪并罚，决定执行的刑罚。已经执行的刑期，应当计算在新判决决定的刑期以内。上诉人蒋某朝上诉提出"其有自首情节，并认罪认罚，又系初犯，请求从轻或减轻处罚。"经查，上诉人蒋某朝在2018年5月19日贩卖毒品过程中被公安机关当场查获，归案后能如实供述其犯罪事实并自愿认罪，是坦白，依法可以从轻处罚。原判已充分考虑其犯罪事实和量刑情节，按照法律规定予以量刑，并无不当，故上诉理由不成立，本院不予采纳。

综上，原判认定事实清楚，证据确实、充分，审判程序合法，适用法律准确，量刑适当。据此，湖南省衡阳市中级人民法院依照《中华人民共和国刑事诉讼法》第二百三十六条第一款第一项之规定，作出如下裁定：

驳回上诉，维持原判。

【法官后语】

一般而言，对判决宣告以后刑罚执行完毕以前发现的漏罪，在对该罪作出判决后，把前后两个判决所判处的刑罚，依照《中华人民共和国刑法》第六十九条的规定进行并罚。但对判决宣告前已发现但未并案处理的漏罪该如何处理，漏罪是否应当与前罪予以并罚？相关法律并未明确规定。因此，本案的争议焦点就是被告人周某昆因涉嫌容留他人吸毒与贩卖毒品同时被公安机关决定立案侦查，因公安机关尚需对其涉嫌贩卖毒品犯罪进一步侦查，未能与容留他人吸毒案并案处理，而是分案先后处理，导致容留他人吸毒案已被先行判决；对此，被告人周某昆犯容留他人吸毒罪的刑罚执行完毕后，犯贩卖毒品罪作为漏罪，是否应当与容留他人吸毒罪并罚。该问题在审理中争议较大。

第一种意见认为，漏罪贩卖毒品罪被法院判决时，前罪容留他人吸毒罪刑罚已执行完毕，没有并罚的基础，不应予以并罚，不符合《中华人民共和国刑法》第六十九条、第七十条关于数罪并罚的规定，应属于刑罚执行完毕后发现漏罪的情形，对漏罪贩卖毒品罪应予单独定罪处罚，前罪容留他人吸毒罪已执行的刑期与漏罪贩卖毒品罪没有关联性。第二种意见认为，前罪容留他人吸毒罪执行期间，公安机关已经发现漏罪贩卖毒品罪，应当依照《中华人民共和国刑法》第七十条的规定予以并罚，将前罪容留他人吸毒罪已执行的期限计算在并罚后决定的刑期以内。两种意见的迥异主要源于两个方面的理解与差异。一方面是对有关数罪并罚的法律规定理解存在偏差，未能准确把握法律规定的内在逻辑；另一方面是对刑法中关于发现漏罪中的“发现”理解存在差异，主要对发现漏罪的时间存有分歧。对此，笔者认为应从以下几个方面予以把握。

一、确认发现漏罪的时间是处理漏罪是否并罚的关键

本案中，被告人周某昆本起犯罪与容留他人吸毒被公安机关同时立案侦查，容留他人吸毒罪被法院先行判决，显然不能适用《中华人民共和国刑法》第七十一条关于判决宣告以后刑罚执行完毕以前又犯罪需要并罚的规定。从本案中不难看出，被告人周某昆所犯本起犯罪属于漏罪，但是否能适用《中华人民共和国刑法》第七十条关于漏罪并罚的规定以及第六十九条关于判决宣告以前一人犯数罪需要并罚的规定，则需要进一步确认本起犯罪发现的时间。对此，对《中华人民共和国刑法》第七十条规定的发现漏罪中的“发现”的准确理解与适用是处理漏罪（数罪并罚）的关键，即发现漏罪何时才属于“法律意义上的发现”的漏罪，具象为发现漏罪的时间节点该如何确定。

二、确认发现漏罪需要明确的证据证实

侦查机关发现漏罪的过程是先从漏罪线索来源进行初步侦查，通过侦查认为漏罪成立证据不充分，则不会启动刑事程序（一般表现立案侦查）或对被告人采取强制措施；如发现漏罪的证据确实、充分，则启动刑事程序，立案侦查，并视情况对被告人采取强制措施。那么，证明发现漏罪的证据标准是什么？即证明发现漏罪的证据需要达到何种确实、充分的程度。当然，司法机关发现漏罪的时间节点，不能是单纯的主观认识，而是根据合理、明确的法定证明标准确定。立案侦查、审查起诉等时间节点只是程序上的形式理解。在此处，对“发现”这一含义应作实质理解，即在已收集的证据可以证明属于未处理的漏罪，证据收集到的时间宜确定为发现漏罪的时间。此时的证据标准，宜低于定罪标准，因为后续诉讼活动仍然可以对证据作进一步的补强，这时只要有确实的证据予以证明即可，不必然要求证明的充分性。而且，根据刑事诉讼活动的特性，一般启动立案侦查，并且基本上能够锁定犯罪（人和事），那么就较宜确定为发现漏罪的时间。

三、发现漏罪是能够明确犯罪（人和事）

一旦刑事诉讼对案件启动立案侦查程序，表明已初步掌握犯罪嫌疑人及犯罪事实，并对犯罪嫌疑人和犯罪事实有了较为明确的指向，或者犯罪嫌疑人和犯罪事实之间已经建立起较为明确的交互联系。侦查机关通过指向或交互联系，逐渐完善证据链直至证据达到确实充分的程度。需要说明的是，对于发现漏罪时间节点的确定，可以明确的逻辑是建立在后来漏罪能够被裁判定罪的基础上的。换言之，在确定漏罪为犯罪并被法院作出判决后，是可以再回溯检视发现漏罪的时间节点是否合理，如此，对于发现漏罪的时间节点的确定更为合理、准确。本案中，涉嫌贩卖毒品被立案侦查时，已经锁定被告人周某昆及其犯罪事实，仅是涉及犯罪事实的其他相关证据还有待进一步侦查。因此，被告人周某昆涉嫌贩卖毒品被立案侦查时，即为发现漏罪的时间。

综上，本案中被告人周某昆所犯本罪于2018年5月30日与其所犯容留他人吸毒罪同时被立案侦查，也就是说此时已发现本起犯罪事实，而与本罪同时立案侦查的容留他人吸毒犯罪已于2018年10月23日被法院宣告判决。因此，被告人周某昆所犯本罪，即漏罪在判决宣判之前就已被发现，并不是判决宣告以后，刑罚执行完毕以前被发现。如此来看，此种情形并不符合《中华人民共和国刑法》第七十条规定的情形。然而，本案中被告人周某昆因涉嫌容留他人吸毒与贩卖毒品同时被公安机关决定立案侦查，因公安机关尚需对其涉嫌贩卖毒品犯罪进一步侦查取证，未能与容留他人吸毒案并案处理，而是分案先后处理，导致容留他人吸毒案已被先行判决。若当时公安机关侦查贩卖毒品犯罪较为顺利并与容留他人吸毒犯罪并案处理移送起诉，意味着两起犯罪就能被并罚处理。此种情况下，如果在审判实践中对贩卖毒品罪再行判决时不与前罪并罚，就会变相加重被告人的刑罚。本案中被告人周某昆因前罪容留他人吸毒罪被判处有期徒刑七个月，漏罪贩卖毒品罪被判处有期徒刑三年，决定执行三年五个月，扣除前罪先行羁押的刑期七个月，实际上执行的刑期为二年十个月。如果未依照《中华人民共和国刑法》第七十条规定进行并罚，而对漏罪单独进行判决，前罪容留他人吸毒罪执行刑期七个月，漏罪贩卖毒品罪执行刑期三年，被告人周某昆实际执行的刑期为三年七个月。由此可见，并罚的实际执行刑期要低于两罪单独刑罚总和刑期。因此，对被告人实行并罚限制了加重处罚，并罚比不并罚对被告人有利，确保了罪责刑相适应。为避免此种情况下的刑罚失衡，维护前罪生效判决的权威，从有利于被告人的角度出发，参照适用刑法第七十条规定对漏罪并罚的处理，同时符合刑法第六十九条规定的判决宣告前一人犯数罪的并罚情形，将被告人周某昆触犯的两罪并罚，实际执行的刑期低于两罪刑罚总和刑期。如此，既可以避免因为不可归责的因素变相加重被告人刑罚，又可以使判决宣告之前已被发现，对因客观原因当时未予并罚处理的漏罪进行并罚，符合刑法的立法本意精神。

编写人：湖南省祁东县人民法院　汪裕林

38

前罪与漏罪并罚后有刑罚未执行时又犯新罪的数罪并罚方法

——杜某巍盗窃案

【案件基本信息】

1. 裁判书字号

江苏省南通市崇川区人民法院（2021）苏 0602 刑初 941 号刑事判决书

2. 案由：盗窃罪

【基本案情】

2019 年 8 月 10 日上午，被告人杜某巍伙同董自某（已判决）经预谋，由杜某巍负责具体实施，由董自某负责接应，在某路××号楼下，窃得被害人周某停放于此的价值人民币 1620 元的电瓶车一辆（已追回并发还）；在某大街××号附近，窃得被害人徐某群停放于此的价值人民币 675 元的电瓶车一辆（已灭失）。被告人杜某巍与董自某为便于销赃将被害人周某的电瓶车予以损坏，以人民币 500 元的价格销赃给陆某标，销赃得款共同使用；将被害人徐某群的电瓶车丢弃。案发后，董自某已分别赔偿被害人周某、徐某群人民币 2000 元、1000 元。

被告人杜某巍因犯盗窃罪（上述以外的犯罪事实）于 2020 年 7 月 2 日被江苏省南通市通州区人民法院以（2020）苏 0612 刑初 18 号刑事判决书判处有期徒刑一年六个月，并处罚金人民币 8000 元，服刑期间本案第一节犯罪事实案发，被告人杜某巍被确定为犯罪嫌疑人并接受了公安机关的讯问。2021 年 2 月 19 日，前述刑罚执行完毕之日，被告人杜某巍被苏州市公安局相城分局传唤到案，并被采取取保候审强制措施。

2021年3月9日至4月20日，被告人杜某巍在取保候审期间至南通市崇川区盗窃作案三起，窃得电瓶车三辆，共计价值人民币4139元。

2021年5月9日，南通市公安局崇川分局将被告人杜某巍抓获，并从其处扣押十字螺丝刀、拨线钳等作案工具。被告人杜某巍到案后如实供述了自己的犯罪事实。

【案件焦点】

行为人前罪判决宣告后刑罚执行完毕前发现漏罪，刑罚执行完毕后又犯新罪的，此时漏罪与新罪是否需要并罚，如果需要如何并罚。

【法院裁判要旨】

江苏省南通市崇川区人民法院经审理认为：被告人杜某巍以非法占有为目的，伙同他人或单独秘密窃取他人财物，数额均较大，其行为均已构成盗窃罪，依法应予惩处。公诉机关指控的罪名成立。本案第一节犯罪系共同犯罪，被告人杜某巍在共同犯罪中起主要作用，是主犯，应当按照其参与的全部犯罪处罚。被告人杜某巍曾因故意犯罪被判处有期徒刑，刑罚执行完毕以后，在五年内再犯应当判处有期徒刑以上刑罚之罪，是累犯，应当从重处罚；其到案后如实供述自己的罪行，承认指控的犯罪，愿意接受处罚，依法可以从宽处理；其有前科劣迹，酌情从重处罚。被告人杜某巍所犯第一节犯罪系江苏省南通市通州区人民法院判决宣告以后刑罚执行完毕以前发现的漏罪，根据《中华人民共和国刑法》第七十条的规定，应当对发现的漏罪作出判决，并与前罪判决实施数罪并罚，已经执行的刑期，应当计算在新判决决定的刑期之内。按照前述规定，被告人杜某巍仍有刑罚未执行完毕，在取保候审期间又犯第二节犯罪（新罪），为了体现对再犯新罪者从严惩处的立法精神，同时根据数罪并罚限制加重的刑法原则，可适用《中华人民共和国刑法》第七十一条规定的数罪并罚方法，对第二节犯罪作出判决，把前罪没有执行的刑罚和后罪所判处的刑罚，依照《中华人民共和国刑法》第六十九条的规定，决定执行的刑罚。实行上述二次并罚既可以保证适用法律的准确性又有利于保障被告人的合法权益，符合罪责刑相适应的规定。江苏省南通市崇川区人民法院作出如下判决：

一、被告人杜某巍犯盗窃罪（漏罪），判处有期徒刑七个月，并处罚金人民币2000元，与江苏省南通市通州区人民法院（2020）苏0612刑初18号刑事判决书确定的被告人杜某巍犯盗窃罪判处有期徒刑一年六个月并处罚金人民币8000元的刑罚并罚，决定执行有期徒刑一年十个月，并处罚金人民币10000元（主刑已执行一年六个月，未执行四个月）；犯盗窃罪（新罪）判处有期徒刑十个月，并处罚金人民币4000元，与未执行的四个月刑罚合并决定执行有期徒刑一年，合并决定执行并处罚金人民币14000元；

二、责令被告人杜某巍向被害人岳某海退赔人民币509元、向被害人左某德退赔人民币1510元；

三、扣押在案的十字螺丝刀、拨线钳等作案工具予以没收。

一审宣判后，被告人未提起上诉，检察机关未提起抗诉，判决已发生法律效力。

【法官后语】

行为人在前罪宣判后刑罚执行完毕前既发现漏罪同时又犯新罪的，应该“先并后减再并”，即先将漏罪与原判决按照《中华人民共和国刑法》第七十条的规定进行并罚，再将新罪的刑罚与前一并罚后的刑罚还没有执行的刑期，根据《中华人民共和国刑法》第七十一条的规定进行并罚①。与上述情形不同的是，行为人在前罪判决宣告后刑罚执行完毕前发现漏罪，刑罚执行完毕后又犯新罪的，此时漏罪与新罪是否需要并罚，如果需要如何并罚，刑法没有明确规定，司法实践中也未见相关案例的探讨。

一、同种数罪应当并罚

犯罪是刑罚的前提，刑罚是犯罪的后果。因此，行为人实施一个犯罪的，就应当针对该罪科处一个刑罚；行为人实施数个犯罪的，就必须针对每一个犯罪判处相应的刑罚，同种数罪也不能例外。根据《中华人民共和国刑法》第六

---

① 张明楷：《刑法学》，法律出版社2021年版，第785页。

十九条的规定，除死刑与无期徒刑外，刑法对数罪并罚采取了加重综合刑主义（分别定罪量刑后再决定应当执行的刑罚）。这足以说明我国刑法贯彻了“一罪一刑”的原则。既然如此，对于同种数罪，也应当坚持“一罪一刑”的原则，即应当实行数罪并罚。对同种犯罪实行并罚，可以促使量刑的精确化，使刑罚与犯罪相适应①。刑法理论和司法解释都支持同种数罪并罚。

本案中，被告人杜某巍 2019 年 8 月 10 日盗窃的事实发生在 2020 年 7 月 2 日被江苏省南通市通州区人民法院判决之前，2021 年 3 月 9 日至 2021 年 4 月 20 日盗窃的事实发生在上述判决之后。有观点认为，上述两起事实均是盗窃，可以作为一个盗窃罪处理，无须分开作为两个盗窃罪进行并罚。该观点不能成立。首先，《中华人民共和国刑法》第七十条规定了漏罪的数罪并罚，第七十一条规定了新罪的数罪并罚。2020 年 7 月 2 日江苏省南通市通州区人民法院盗窃罪判决（以下简称前罪判决）是本案特殊情况，该判决发生在本案两起盗窃事实中间。被告人杜某巍所犯第一起犯罪系该判决宣告以后刑罚执行完毕以前发现的漏罪，第二起犯罪系该判决刑罚执行完毕以后新犯的罪。将本案作为一个盗窃罪处理无疑违反了刑法关于漏罪和新罪数罪并罚的规定。其次，本案也不存在情节严重作为法定刑升格等不并罚的情形。对同种犯罪实行并罚，可以促使量刑的精确化，使刑罚与犯罪相适应。

二、前罪刑罚执行完毕前发现漏罪刑罚执行完毕后又犯新罪的数罪并罚

本案如何并罚有两种不同方案：一种方案是先将漏罪与原判决按照《中华人民共和国刑法》第七十条的规定进行并罚，再将新罪的刑罚与前一并罚后的刑罚根据《中华人民共和国刑法》第六十九条的规定进行并罚，已经执行的刑期计算在新判决决定的刑期以内；另一种方案是适用《中华人民共和国刑法》第七十条、第七十一条即“先并后减再并”的并罚方法。

之所以会产生不同方案，原因在于对《中华人民共和国刑法》第七十一条规定中“刑罚执行完毕以前”理解存在差异。如果认为刑罚执行完毕是指前罪判决的刑罚，那么被告人杜某巍 2021 年 3 月 9 日至 2021 年 4 月 20 日盗窃的事

① 张明楷：《刑法学》，法律出版社 2021 年版，第 655 页。

实发生在前罪判决刑罚执行完毕之后，则本案不能适用《中华人民共和国刑法》第七十一条的规定。对杜某巍漏罪判处有期徒刑7个月，新罪判处有期徒刑10个月，先将漏罪的7个月有期徒刑与前罪一年六个月（18个月）有期徒刑实行并罚，决定执行有期徒刑一年十个月（22个月），再将22个月有期徒刑与新罪的10个月有期徒刑并罚，在22个月以上32个月以下决定应当执行的刑罚，如果决定执行22个月，则被告人实际上还要执行4个月（22个月-18个月），如果决定执行32个月，则被告人实际上还要执行14个月（32个月-18个月）。如此一来可以发现，这种方案不仅量刑幅度过于宽泛，还会出现被告人实际还要执行的刑期少于新罪的刑期（10个月）的可能，显然不符合刑罚目的以及罪责刑相适应的规定。

如果认为《中华人民共和国刑法》第七十一条中"刑罚执行完毕以前"的刑罚不仅包括实际执行的刑罚还包括应当执行的刑罚，则本案可以适用《中华人民共和国刑法》第七十一条的规定，即适用"先并后减再并"的并罚方法。先将被告人漏罪的7个月有期徒刑与前罪18个月有期徒刑实行并罚，决定执行有期徒刑22个月，此时被告人还有4个月（22个月-18个月）有期徒刑应当执行而没有执行。将这没有执行的4个月与新罪的10个月有期徒刑并罚，应当在10个月以上14个月以下决定应当执行的刑罚。这种方案量刑幅度较小，也不会出现被告人实际还要执行的刑期少于新罪的刑期（10个月）的可能。再审改判后的前罪没有执行完的刑罚与本案前罪与漏罪数罪并罚后没有执行完的刑罚性质上是一样的，都属于应当执行而未执行的刑罚。当出现这种情况时，适用刑法第七十一条的规定，即适用"先并后减再并"的并罚方法既可以保证适用法律的准确性又有利于打击再犯新罪，符合罪责刑相适应的原则。

编写人：江苏省南通市崇川区人民法院　陈程　朱军浩

39

累犯、漏罪、撤销缓刑与数罪并罚的认定

——孟某全票据诈骗案

【案件基本信息】

1. 裁判书字号

山东省沂源县人民法院（2021）鲁0323刑初413号刑事判决书

2. 案由：票据诈骗罪

【基本案情】

2014年，被告人孟某全与方某虎（已判决）合谋通过变造票据骗取钱财用于其二人偿还欠款、发放工人工资、个人消费等。2014年2月13日，被告人孟某全在明知方某虎（已判决）所持面额为300万元的银行承兑汇票（出票人为贸易公司，收款人为贸易有限公司，票号：2300xxxx）是经变造而来的情况下，为骗取钱财，达到汇票变现之目的，被告人孟某全利用赵某伟急用钱的心理以及赵某伟能在银行办理承兑汇票抵押贷款之便利条件，指使赵某伟利用其玻璃纤维公司所有的厂房做担保向银行办理抵押贷款变现，赵某伟手持该张经变造的银行承兑汇票以及方某虎（已判决）伪造的贸易有限公司公章、法人章（周某健印）、贸易有限公司财务专用章到银行办理承兑汇票抵押贷款时，被银行工作人员发现承兑汇票有改动未能得逞。经银行票据审验人员通过票据鉴定仪和手工鉴别后，鉴定该银行承兑汇票系变造。

被告人孟某全因犯诈骗罪，于2018年10月30日被博山区人民法院判处有期徒刑一年，缓刑两年，并处罚金人民币25000元，缓刑考验期自2018年11月10日至2020年11月9日。被告人孟某全认罪认罚，并自愿签署了认罪认罚具结书。

【案件焦点】

累犯、漏罪、撤销缓刑与数罪并罚的认定。

【法院裁判要旨】

山东省沂源县人民法院经审理认为：被告人孟某全在缓刑考验期内发现判决宣告以前还有其他罪没有判决，应当撤销缓刑，实行数罪并罚；被告人孟某全系犯罪未遂，依法可以比照既遂犯减轻处罚；被告人孟某全归案后如实供述自己的罪行，具有坦白情节，依法可以从轻处罚；被告人孟某全认罪认罚，依法可以从宽处罚。被告人孟某全犯诈骗罪的缓刑考验期现已届满，但缓刑考验期届满前公安机关于2014年2月13日已经立案侦查孟某全涉嫌犯票据诈骗罪，且被告人孟某全故意隐瞒涉嫌犯票据诈骗罪被公安机关立案侦查的事实，故依法撤销缓刑，实行数罪并罚。据此，作出如下判决：

撤销山东省淄博市博山区人民法院（2018）鲁0304刑初81号刑事判决中对罪犯孟某全犯诈骗罪，判处有期徒刑一年，缓刑二年的缓刑部分，收监执行有期徒刑一年；被告人孟某全犯票据诈骗罪（未遂），判处有期徒刑二年，并处罚金人民币10万元；决定执行有期徒刑二年六个月，并处罚金人民币10万元。

宣判后，被告人未提起上诉，检察机关未提起抗诉，该判决已发生法律效力。

【法官后语】

本案主要涉被告人因诈骗罪在宣告缓刑以前，被告人涉嫌票据诈骗罪被其他公安机关发现并立案侦查，因被告人隐瞒该事实没有并案审理。现缓刑考验期满，公诉机关对票据诈骗罪提起公诉。简单来说，不是在缓刑考验期内发现漏罪，而是在宣告缓刑前就发现漏罪，这种情况是否应当撤销缓刑，数罪并罚。

一、缓刑考验期的意义及撤销

（一）缓刑的意义

缓刑考验期又称为缓刑期间，它是对受缓刑人进行考验所需要的时间，表明缓刑的开始和结束，只有当这个期限届满而受缓刑之人又未再犯新罪或违反其他应遵守的条件时，才宣告缓刑结束并发生刑罚消灭的效果。从一定意义上来讲，缓刑考验期是对被宣告缓刑人的一种保护，若无此规定，被告人就处于无期限的考验之中，时时刻刻受到原判刑罚的威慑，这对受缓刑人来说，是不公平，有悖于缓刑的旨意。

缓刑考验期是缓刑运作的时间限制，当缓刑犯在缓刑考验期内没有再犯新罪，也没有违反应当遵守的条件以及其他可能影响缓刑的行为，缓刑考验期届满缓刑即告结束，缓刑结束即意味着缓刑考验期后的处理的开始。

在我国刑法理论界，关于缓刑考验期届满，刑罚就不再执行的问题也存在着争论。肯定者认为，不再执行原判刑罚，也就是执行完毕，是一种特殊形式的执行。缓刑只不过是刑罚执行方式的变更，即对缓刑犯不采取收监执行的方式，因此缓刑考验期届满不是原判刑罚免予完毕，而应该为原判刑罚的执行完毕。否定者认为，不再执行，就等于没有执行，更不存在执行完结的问题。肯定者与否定者的论述各有千秋，但两者的争论都沉湎于对词义的分解与组合所传达出来的含义，而忽略了我国刑法规定的缓刑制度的本体以及有关司法解释精神。我国的缓刑制度是采取的执行犹豫主义，这与绝大多数国家的缓刑立法是一致的，因此根据我国刑法的规定以及相关司法解释，我国缓刑制度中的“不再执行原判刑罚”可作如下理解：(1) 在缓刑考验期内是有条件的不再执行原判刑罚，即原判处的主刑暂缓执行，没有剥夺犯罪分子的自由。缓刑不是刑罚执行方式及场所的变更，它既不是由监内执行改为监外执行，也不是以较轻刑种代替较重刑种。缓刑考验是刑罚犹豫执行期，不是免除刑罚，在缓刑考验期内仍然保持着执行原判刑罚的可能性，一旦撤销缓刑，缓刑考验期不能折抵刑期。(2) 缓刑考验期内如果没有再犯新罪或者未发现判决宣告以前还有其他罪没有判决的，缓刑期届满后的法律性质是原判刑罚不再执行，即免除原判刑罚的执行，但定罪与判刑的客观事实依然存在，因此原判刑罚就不再执行，仅意味着刑罚执行权的消灭，它是我国现行刑事立法当中着眼于一般预防的重要表现。

（二）缓刑的撤销

因犯新罪而被撤销缓刑，就需要对新罪作出判决。根据刑法的规定，被宣告缓刑的犯罪分子，在缓刑考验期内再犯新罪，就应当撤销缓刑，把前罪和后罪所判处的刑罚，依照刑法第六十九条的规定，数罪并罚，决定执行的刑罚。即使是在缓刑考验期满后，才发现该罪犯在缓刑考验期内所犯的新罪，如未超过追诉时效期限的，也应当按照刑法第七十七条的规定执行。缓刑犯因再犯新罪撤销缓刑的应由审判新罪的人民法院在审判新罪时，对前罪宣告的缓刑予以撤销。如果原来是上级法院宣判缓刑的，审判新罪的下级法院也可以撤销原判宣告的缓刑，并将前罪和后罪所判处的刑罚，依照刑法第六十九条的规定，决定执行刑罚，但是不能改变原判刑罚，也不能撤销原判决。在缓刑考验期内发现，被宣告缓刑的犯罪分子，在缓刑宣告以前还有其他罪没有判决的，应当参照刑法第七十七条的规定，并依照刑法第七十条的规定，对漏罪定罪判刑，再对前罪与漏罪实行数罪并罚，决定执行的刑罚。如果必须判处实刑，则应撤销对前罪所宣告的缓刑，已经执行的缓刑考验期，不予折抵刑期，但是，判决执行以前先行羁押的日期应当予以折抵刑期，如果仍然符合缓刑条件，仍然可以宣告缓刑，已经执行的缓刑考验期，应当计算在新决定的缓刑考验期内。此外，缓刑的撤销，不影响附加刑，即缓刑的效力不及于附加刑，被宣告缓刑的犯罪分子，如果被判处附加刑的，附加刑仍须执行。

二、数罪并罚的几种情况

（一）判决宣告以前一人犯数罪并均已被发现的并罚

判决宣告以前一人犯数罪，并均已被发现的，这是数罪并罚的基本形式。其基本特征是：（1）一人犯数罪；（2）所犯数罪是在判决宣告以前实施并且已经被发现的；（3）在对各罪分别定罪量刑的基础上，依照刑法第六十九条的规定，决定对犯罪人应执行的刑罚。

（二）判决宣告以后刑罚执行完毕以前发现漏判之罪的并罚

“漏罪”是指判决宣告以前一人犯有数罪，在对其他罪作出判决时未被发现的罪。根据刑法第七十条的规定，判决宣告以后刑罚还没有执行完毕以前，发现被判刑的犯罪人在判决宣告以前还犯有其他罪没有判决的，应当对新发现的罪作出判决，把前罪判决所判处的刑罚与新发现之罪所判处的刑罚，按照刑法第六十九条的规定，决定执行的刑罚。已经执行的刑期应当计算在新判决决定执行的刑期以内。这种数罪并罚具有以下几个特征：（1）判决宣告以前行为人犯有数罪；（2）宣告判决时只发现了数罪中的部分犯罪；（3）在判决宣告以后刑罚执行完毕以前发现漏判之罪。“刑罚执行完毕以前”具体包括三种情形，即刑罚实际执行期间、缓刑考验期间、假释考验期间；（4）把前罪所判处的刑罚与新发现的罪所判处的刑罚进行并罚，然后再减去已执行的刑期，以剩余的刑期作为继续执行的刑期，即按照“先并后减法”的方法决定应执行的刑罚。

判决宣告以后刑罚执行完毕以前发现漏判之罪的，具体并罚时会遇到以下两个问题。

一是对数罪并罚后刑罚执行过程中又发现漏罪的应当如何并罚？即漏判之罪的刑罚是与原判数罪的刑罚并罚，还是与原判决定执行的刑罚并罚？笔者认为，应与原判决定执行的刑罚并罚。因为，根据刑法七十条的规定，是把前后两个判决所判处的刑罚，依照刑法第六十九条的规定决定执行的刑罚。这一规定表明是将两个判决所判处的刑罚进行并罚。原判所作出的数罪并罚的决定，是已经发生法律效力的判决，发现漏判之罪不是撤销或改判已判决的法定理由。将漏判之罪所判处的刑罚与原判决中数罪被判处的刑罚并罚，实际上等于说原判决执行的刑罚无效，明显违背了法律的有关精神规定。

二是对刑罚执行过程中发现数个漏罪的应如何并罚？有观点认为，应当对新发现的数个漏罪分别定罪量刑合并处罚后，再把对前罪所判处的刑罚与对新发现的数个漏罪并罚后的刑罚，依照刑法六十九条的规定决定执行的刑罚。但笔者认为，应当对新发现的数个漏罪分别定罪量刑，然后将各自判决的刑罚与前罪所判处的刑罚，依照刑法六十九条的规定决定执行的刑罚。因为该条规定，应当在总和刑期以下、数罪中最高刑期以上，酌情决定执行的刑期。如按照第一种说法，就不是在罪中最高刑期以上，而是在数个漏罪并罚后决定执行的刑期或原判刑期以上，总和刑期以下，酌情决定应执行的刑期，这与法律的规定不符。

（三）判决宣告以后刑罚执行完毕以前又犯新罪的并罚

罪犯在服刑期间，不思悔改，继续实施危害社会的犯罪行为，表明其主观恶性深、人身危险性大，我国现行刑法虽然没有规定对新犯之罪从重处罚，但在数罪并罚的方法上与判决宣告以前犯数罪的有着明显的区别。根据刑法第七十一条的规定，判决宣告以后，刑罚还没有执行完毕以前，被判刑的罪犯又犯罪的应当对新罪作出判决，把前罪没有执行完的刑罚与后罪所判处的刑罚，依照第六十九条的规定，决定执行的刑罚。但是已经执行的刑期不计算在新判决决定的刑期以内。这种先减去已执行的刑罚，然后将尚未执行的刑期和新判的刑期并罚，从而确定应执行的刑罚的方法，简称为“先减后并”的方法，这种方法与前述“先并后减法”表现出明显的从严精神。因为按照此方法，罪犯实际执行刑罚的最低期限可能比“先并后减”实际执行刑罚的最低期限高，或者至少相等。而且按照此方法，罪犯实际执行的刑罚，有期徒刑、拘役、管制的刑期可能分别超过数罪并罚的最高刑期。

对刑罚执行期间既发现漏罪又犯有新罪的应如何并罚？有观点认为，应对发现的漏罪作出判决，与原判刑罚按照刑法第六十九条规定的原则，确定应执行的刑罚，然后对新犯之罪作出判决，再与前两个判决所决定刑罚中尚未执行的刑罚并罚，决定执行的刑罚；还有观点认为，应先对漏罪和新犯之罪分别定罪量刑，将两罪所判处的刑罚，按照刑法第六十九条规定的原则，酌情决定执行的刑罚，然后以此判决作为一个新判决，与原判所判处的刑罚并罚，酌情决定应执行的刑罚，再减去已执行的刑罚，从而确定应继续执行的刑罚；还有观点认为，应对漏罪和新犯之罪分别判刑，按照刑法第六十九条规定的原则，酌情决定执行的刑罚，再减去原判刑罚中已经执行的刑罚，即为应继续执行的刑罚；另有观点认为，应先对漏罪和新罪分别判刑，然后将新罪所判处的刑罚与原判刑罚，按照“先并后减”的方法并罚，酌情决定执行的刑罚，再将此作为一个新判决，与漏罪所判处的刑罚，按照刑法第六十九条规定的原则，酌情决定执行的刑罚即为应继续执行的刑罚。

笔者同意第一种观点，因为漏罪属于罪犯判决宣告以前实施的犯罪，本应于原判决的犯罪一并处理，只是由于当时未能发现才未作处理，一旦发现，理应首先与原判刑罚并罚，再考虑新罪并罚的问题。

对刑罚执行完毕以后又犯新罪，发现被告人在前罪判决前或者在前罪刑罚执行期间，犯有其他罪没有处理的，应当如何处理？有观点认为，应按前罪的刑罚尚未执行完毕以前的情况处理，实行数罪并罚；还有观点认为，将新罪与发现的漏罪进行并罚即可。笔者认为，在处理被告人刑满释放后又犯罪的案件时，发现他在前罪判决宣告以前或者前罪判处的刑罚执行期间，又犯有其他罪行，尚未处理的，并且应当追诉的，如果漏罪与新罪分属于不同种的罪，即应对漏罪与刑满释放后又犯的新罪分别定罪量刑，并实行数罪并罚。

三、刑前罪判决之前发现漏罪，并且法院作出判决时原判刑罚已经执行完毕的（包括缓刑考验期届满），应当适用漏罪数罪并罚的原则处理

虽然刑罚执行期间已发现漏罪，但对漏罪作出判决时前罪原判刑罚已经执行完毕，对此类情况如何处理，是否需要数罪并罚存在不同认识。一种意见认为，本案漏罪作出判决时，前罪原判刑罚已经执行完毕，不需要再将漏罪判处的刑罚与前罪原判处的刑罚实行数罪并罚，直接将漏罪判处刑罚即可。另一种意见认为，应当将漏罪判处的刑罚和前罪原判的刑罚按照刑法第七十条和第六十九条的规定实行数罪并罚。

笔者同意第二种意见。产生分歧的主要原因在于如何界定“发现”的时间节点。第一种意见认为，“发现”是指公安机关对犯罪事实立案侦查，并有相关证据证明服刑犯实施了犯罪事实，即将服刑犯确定为犯罪嫌疑人；第二种意见认为，“发现”的时间范围以司法机关有证据证明漏罪事实为服刑本人所为起算，即经过移送起诉、提起公诉阶段，直至漏罪判决之前的这段时间；第三种意见认为，“发现”的主体仅指法院，因为只有法院才能认定行为人是否有罪及作出相应判决。笔者认为，“发现”不等于“宣判”，不能以审判标准要求漏罪“发现”的条件。如果以法院判决宣告有罪作为发现“漏罪”的条件，则由于侦查、审查起诉、审判等诉讼时间较长，若前罪剩余刑期较短时，很可能导致漏罪不能与前罪并罚，从而加重对犯罪分子的处罚。从法律条文的规定及

词语本身含义来看，“发现”的条件应当指公安机关收集到的犯罪证据指向犯罪分子有作案嫌疑，即锁定犯罪嫌疑人的时间为发现时间。发现漏罪一是确立了实行数罪并罚法律规定的基本前提，二是确立了发现漏罪时间作为前罪原判刑罚执行的界点，即发现漏罪之前为前罪原判刑罚已执行的刑罚，发现漏罪之后为前罪原判刑罚未执行的刑期。因此，发现漏罪之后所羁押的时间应在数罪并罚确定的刑罚期间内予以折抵。

编写人：山东省沂源县人民法院　孟强

（四）减　刑

40

依据累犯、侵犯未成年人、未履行民事赔偿等因素综合认定罪犯不具有悔改表现

——周某强奸案

【案件基本信息】

1. 裁判书字号

江苏省无锡市中级人民法院（2021）苏02刑更445号刑事裁定书

2. 案由：强奸罪

【基本案情】

江苏省昆山市人民法院于2018年4月13日作出（2017）苏0583刑初2291号刑事判决，认定被告人周某犯强奸罪，判处有期徒刑七年，剥夺政治权利一

年，赔偿附带民事诉讼原告人物质损失人民币 4829.83 元。刑期自 2017 年 6 月 11 日起至 2024 年 6 月 10 日止。判决生效后，该罪犯于 2018 年 5 月 11 日被交付江苏省宜兴监狱执行。该罪犯在服刑期间，于 2019 年 1 月、2019 年 6 月、2019 年 11 月、2020 年 4 月、2020 年 10 月获得表扬五次。该罪犯系累犯，未履行财产性判项。另查明，该罪犯因犯强奸罪被人民法院判处有期徒刑四年，2012 年 3 月 20 日假释，假释考验期至 2013 年 4 月 10 日；2013 年 5 月 6 日因犯强奸罪被人民法院判决有期徒刑四年三个月，撤销上述假释后，决定执行有期徒刑五年，2016 年 9 月 12 日刑满释放。

江苏省宜兴监狱于 2021 年 1 月 25 日向江苏省无锡市中级人民法院提出建议，对罪犯周某减去有期徒刑七个月，剥夺政治权利一年不变。

【案件焦点】

如何根据各类综合因素，认定罪犯是否确有悔改表现，是否符合减刑条件。

【法院裁判要旨】

江苏省无锡市中级人民法院经审理认为：减刑案件应综合考察罪犯犯罪的性质和具体情节、社会危害程度、原判刑罚及生效裁判中财产性判项的履行情况、交付执行后的一贯表现等因素。罪犯周某因犯强奸罪三次入狱，系累犯，且犯罪间隔期较短，首次判刑后于假释期间又犯罪，第二次服刑释放后不到一年再次犯罪，且侵犯对象是未成年人，犯罪手段恶劣，赔偿附带民事诉讼原告人物质损失未履行，说明其虽经两次服刑改造，但均无效果。其本次服刑表现普通，被判处七年有期徒刑，目前仅经过两年半的考察期，故江苏省无锡市中级人民法院认为短期内不足以认定其具有悔改表现。江苏省无锡市中级人民法院依照《中华人民共和国刑法》第七十八条、《中华人民共和国刑事诉讼法》第二百七十三条第二款、《最高人民法院关于办理减刑、假释案件具体应用法律的规定》第二条以及《最高人民法院关于减刑、假释案件审理程序的规定》第十六条第一款第三项之规定，作出如下裁定：

对罪犯周某不予减刑。

【法官后语】

减刑、假释作为刑罚变更执行的重要措施，是《中华人民共和国刑法》《中华人民共和国刑事诉讼法》等法律规定的重要制度，是宽严相济刑事政策在刑罚执行过程中的具体体现，对于激励罪犯积极改造、促进罪犯回归、融入社会，最大限度地发挥刑罚的功能和实现刑罚的目的，具有非常重要的意义。罪犯只有积极改造，表现优异者，才能获得减刑、假释。

在办理减刑、假释案件中，“确有悔改表现”是可以减刑的前提条件，同时还应综合考察罪犯犯罪的性质和具体情节、社会危害程度、原判刑罚及生效裁判中财产性判项的履行情况、交付执行后的一贯表现等因素。本案中，罪犯周某在服刑期间表示认罪悔罪，其狱内没有重大违规现象，其计分考核已满足取得监狱表扬的条件且在监区内考核排名靠前，符合监狱报请减刑的条件，但是否给予其减刑，不能唯计分论，人民法院应当在监狱报请的基础上综合考察法律规定的其他因素作出认定。

本案在一般情况下，人民法院将依据《最高人民法院关于办理减刑、假释案件具体应用法律的规定》第六条第二款规定的“确有悔改表现或者有立功表现的，一次减刑不超过九个月有期徒刑”、第七条第一款规定的“对符合减刑条件的累犯……确有履行能力而不履行或者不全部履行生效裁判中财产性判项的罪犯，被判处十年以下有期徒刑的，执行二年以上方可减刑，减刑幅度应当比照本规定第六条从严掌握”等规定，同意对该罪犯减刑，但从严缩减减刑幅度两个月刑期，裁定对该罪犯予以减刑七个月。但本案的特殊性在于，该罪犯1988年出生，从其20岁开始，就因犯强奸罪进了监狱，接着在假释考验期内又犯强奸罪，刑满释放后不到一年再犯强奸罪，这次还将魔爪伸向了未成年人，造成被害人轻伤，对未成年人的身心都造成了极大的伤害。对于履行财产性判项的义务，该犯也未采取过任何积极的行为来赔偿被害人损失，甚至在法院提审期间其对于4829.83元的人身损害赔偿仍无任何积极履行的意愿。法院最终认为，该犯虽经一次次改造仍继续犯罪，更没有得到被害人的谅解，证明其未真正悔改。故人民法院对其减刑应当严格控制，以督促其切实悔改，从思想上、行动上杜绝再犯罪意图、赔偿被害人损失，坚决维护未成年人健康成长的社会环境，进一步增强人民群众的安全感。

编写人：江苏省无锡市中级人民法院　鲍清

41

有履行能力而不履行财产性判项的侵财类犯罪罪犯不宜认定确有悔改表现

——丁某伟盗窃案

【案件基本信息】

1. 裁判书字号

重庆市第五中级人民法院（2021）渝05刑更333号刑事裁定书

2. 案由：盗窃罪

【基本案情】

丁某伟因犯盗窃罪，被重庆市南岸区人民法院判处有期徒刑七年六个月（刑期自2015年7月8日起至2023年1月7日止），并处罚金5万元，责令退赔经济损失310760元。判决生效后于2016年6月16日交付执行。重庆市第五中级人民法院先后于2018年4月13日对其减去有期徒刑七个月、于2019年8月14日对其减去有期徒刑七个月，减刑后刑期至2021年11月7日届满。

刑罚执行机关于2021年1月18日报请减刑时提出：丁某伟在服刑期间认罪悔罪、认真遵守法律法规及监规，接受教育改造；积极参加思想文化、职业技术教育；积极参加劳动，努力完成劳动任务，累计获得表扬三次的行政奖励，确有悔改表现，依法可以减刑。该罪犯未履行生效裁判中财产性判项，减刑幅度应当从严掌握，提请减去其有期徒刑九个月。重庆市人民检察院第五分院出具《检察意见书》认为，罪犯丁某伟系侵财类犯罪罪犯，有一定履行能力而不履行生效裁判中财产性判项，不宜认定为确有悔改表现，建议对其不予减刑。

【案件焦点】

对侵财类犯罪罪犯虽符合减刑的其他条件，但有一定履行能力而不履行生效裁判中财产性判项的，是否认定确有悔改表现。

【法院裁判要旨】

重庆市第五中级人民法院经审理认为：丁某伟在服刑期间获得三次表扬的事实属实，刑罚执行机关报请减刑的间隔时间符合法律规定。但该犯系侵财类犯罪罪犯，有一定履行能力而不履行生效裁判中财产性判项，结合其服刑情况和历次减刑情况，不宜认定其确有悔改表现。重庆市第五中级人民法院依照《中华人民共和国刑法》（以下简称《刑法》）第七十八条、第七十九条及《最高人民法院关于办理减刑、假释案件具体应用法律的规定》（以下简称《减假解释》）第二条之规定，作出如下裁定：

对丁某伟不予减刑。

【法官后语】

减刑、假释系刑罚变更执行的重要措施，系宽严相济刑事政策在刑罚执行过程中的具体体现，减刑、假释的根本目的是激励罪犯积极改造，是刑罚执行中的奖励性措施。《减假解释》的发布是为了修正司法实践中对减刑、假释性质的错误认识，纠正不正确做法，其在第一条中即规定“减刑、假释是激励罪犯改造的刑罚制度”。罪犯只有积极改造，表现优异，才能获得减刑、假释。人民法院在适用减刑、假释时，需要严格贯彻宽严相济刑事政策，最大限度地发挥刑罚的功能和实现刑罚的目的。

履行生效裁判中财产性判项系罪犯应当履行的义务，也是考察罪犯在刑罚执行中是否确有悔改表现的重要表现。《刑法》第七十八条、第八十一条规定，罪犯在刑罚执行期间，符合法定条件的可以减刑、假释。近年来，随着减刑、假释案件实质化审理的推进，人民法院在判断罪犯是否认罪悔罪、是否确有悔改表现时，更加注重审查罪犯是否积极退赃、协助追缴赃款赃物、赔偿损失等履行财产性责任的事实。《减假解释》第二条、第二十七条规定，罪犯是否可以减刑、假释，应综合考虑生效裁判中财产性判项的履行情况、犯罪性质、情节和社会危害程度等因素。最高人民法院、最高人民检察院、公安部、司法部于2021年12月1日发布的《关于加强减刑、假释案件实质化审理的意见》（以下简称《实质化意见》）规定，要求人民法院要准确把握减刑、假释案件实质化审理的基本要求，包括坚持全面依法审查，既要注重审查罪犯交付执行后的一贯表现，同时也要注重审查罪犯犯罪的性质、具体情节、社会危害程度、原判刑罚及生效裁判中财产性判项的履行情况等，依法作出公平、公正的裁定，切实防止将考核分数作为减刑、假释的唯一依据，综合判断罪犯是否确有悔改表现。

因《减假解释》并未规定除职务犯罪、破坏金融管理秩序和金融诈骗犯罪、组织（领导、参加、包庇、纵容）黑社会性质组织犯罪等罪犯以外的其他类罪犯未履行生效裁判中财产性判项不应认定为确有悔改表现而不予减刑、假释。人民法院和刑法执行机关通过正面典型的激励和反面典型的警示、案例等方式，着重强化如何正确理解“确有悔改表现”“可以减刑，而非应当减刑”“财产性责任的履行系法律义务”，切实让罪犯及其亲属充分理解减刑、假释是一种对罪犯积极改造、悔悟向善的奖励，而财产性判项的主动履行能够表明其愿意接受惩罚和确有悔改表现；切实让罪犯及其家属充分理解通过促进财产性判项的履行，有助于修复和缓解犯罪行为带来的损害、矛盾和怨恨，维护社会和谐稳定。

本案裁判于《实质化意见》出台前，着重综合考量“确有悔改表现”，对于考察侵财类犯罪罪犯履行生效裁判中财产性判项并全面深入掌握其是否确有悔改表现具有很好的示范意义；也高度契合了《实质化意见》的基本精神和基本要求。

编写人：重庆市第五中级人民法院　龚玮涛

三、刑事证据

42

申请非法证据排除的，应结合取证程序、身体体征、讯问录音录像、证据间的相互印证审查证据合法性，形成司法认知

——朱某荣强奸案

【案件基本信息】

1. 裁判书字号

福建省厦门市中级人民法院（2021）闽02刑终199号刑事裁定书

2. 案由：强奸罪

【基本案情】

2019年10月19日凌晨2时许，被告人朱某荣与朋友在某会所唱歌喝酒离开时，在会所门口看到与其素不相识的被害人冯某独自坐在台阶上哭泣，便提出要带冯某走一走，遭到冯某拒绝，朱某荣便将冯某拉走，其间冯某拨打其朋友林某电话求救，被朱某荣发现后将冯某手机强行拿走。后朱某荣将冯某拉至体育中心靠天桥一侧湖岸北路旁的草地上，将其拉倒在草地上并压在身下，亲吻冯某，欲与被害人发生性关系，冯某挣扎反抗，将朱某荣的嘴唇咬伤。后冯某为自救提出“换个地方”，朱某荣同意并起身拉冯某到其他地方的过程中被

林某找到，林某将被害人冯某手机要回并将其带离现场。2019 年 11 月 8 日，被告人朱某荣被民警抓获。

【案件焦点】

1. 被告人在侦查阶段的供述是否属非法证据；2. 被告人的行为是否构成强奸罪。

【法院裁判要旨】

福建省厦门市海沧区人民法院经审理认为：（1）被告人的第 1、2、4、5、6 次的侦查讯问笔录是否属非法证据而不能作为定案的依据。经查讯问时按规定有两人在场，并保障被告人正常饮食和休息；朱某荣在笔录签名并按手印；被告人入看守所前体检正常；被告人回答问题神情自若，思路清晰；证据间互相印证，故辩护人提出被告人的供述不能作为定案的证据理由不充分，不予采纳。（2）被告人的行为是否构成强奸罪。被告人辩解其不构成强奸罪。经查，被告人原先的供述能与被害人陈述互相印证，其在庭审中辩解理由与其之前多份供述不一致，又未能提出改变供述的合理理由，翻供不能成立；被告人抚摸其胸部、腰部和大腿，还试图脱下其内裤，被告人有欲发生性关系的具体行为、目的明确；被告人利用控制手机让被害人不易脱身或求援；被害人采取了发送定位、拨打电话等求助方式，当被害人机智提出要求换地方并等来救援，是受害女性在危急情况下采取的拖延、自救的一种方式，是被告人意志以外的原因导致强奸未得逞。被告人朱某荣违背妇女意志，采用暴力手段，强行与妇女发生性关系，其行为已构成强奸罪。公诉机关的指控可以成立。被告人朱某荣已经着手实行犯罪，由于意志以外的原因而未得逞，属犯罪未遂，依法可以比照既遂犯从轻处罚。

福建省厦门市海沧区人民法院依照《中华人民共和国刑法》第二百三十六条和第二十三条之规定，作出如下判决：

被告人朱某荣犯强奸罪，判处有期徒刑三年。

被告人朱某荣持原审辩解提出上诉。福建省厦门市中级人民法院同意一审法院的裁判意见，依照《中华人民共和国刑事诉讼法》第二百三十六条第一款第一项之规定，作出如下裁定：

驳回上诉，维持原判。

【法官后语】

本案的争议焦点是对被告人强奸行为的认定。被告人的供述和辩解是认定强奸罪重要的言词证据，但本案被告人朱某荣否认具有强行行为，不构成强奸罪，朱某荣的辩护人提出排除非法证据申请，认为存在错误引导的侦查讯问笔录不能作为定案的依据。

法院根据现有证据和规定，运用逻辑规则、经验法则对取证合法性进行审查，认为可以排除合理怀疑，最终认定朱某荣的强奸事实。

第一步，启动程序，审查证据。针对“排非”申请，法院根据《最高人民法院关于适用〈中华人民共和国刑事诉讼法〉的解释》的规定，召开庭前会议听取双方意见，公诉人提供了讯问录音录像、入所体检表等证据材料证明证据收集的合法性。经审查后法院驳回了被告人的申请。(1) 取证程序合法。办案民警在讯问时按规定有两人在场，并保障朱某荣的正常饮食和休息，取证过程并未违反法定程序；(2) 被告人的供述并未违背意愿。朱某荣在侦查人员所取的笔录签名并按了手印，对其供述进行认可，证明该笔录并非违背意愿取得；(3) 本案不存在刑讯逼供的情形。看守所出具的入所体检表显示朱某荣的入所检查项目均正常，朱某荣的入所时间在辩护人所提出的“问题笔录”即第 1 次、第 2 次、第 4 次、第 5 次、第 6 次笔录制作期间，证明朱某荣被羁押在看守所之前未受到刑讯逼供；(4) 被告人的行为表现正常。审查同步讯问录音录像时我们发现，侦查人员在讯问时出现不规范的语言，如问嫌疑人是否欲与被害人发生性关系，有“大家都是男人，喝完酒有这些想法很正常”等说辞，存在一定瑕疵，但该瑕疵并不影响程序正当性的认定，从朱某荣的神情和表述看，其行为自若，警官在记录关键问题“是否想与被害人发生性关系”之前与其进行确认时，其表达清晰，符合逻辑，完全具备认知和控制能力，侦查人员的语言瑕疵并不影响口供内容的真实性。至于被告人未回答“强行”二字，但笔录在诸多地方均记有“强行”二字情形，合议庭认为，强行是强奸罪构罪的重要条件之一，是否强行应根据其他证据综合进行评判，并非根据文字简单认定；(5) 证据间能相互印证。在认定是否排除非法证据时，互相印证的逻辑思维主导着法官心证。本案被告人供述的其他细节能与被害人的陈述互相印证，同时证人证言和监控录像等主客观证据亦能和被告人口供细节互相印证，足以排除逼供、诱供可能性，对证据合法性的审查判断不存在问题。

因此，驳回被告人的非法证据排除申请。

第二步，分析证据，认定犯罪。在明确被告人口供能作为定案依据后，应综合分析全案证据与案件事实的关联程度、证据之间的联系来认定行为是否构成犯罪。(1) 不予采信被告人的翻供内容。被告人在侦查阶段供述其喝完酒，在会所门口看到素不相识的被害人，就将其强拉到体育场的草地上，想要与其发生性关系，并将其推倒，压在其身上亲吻，被害人反抗时把其嘴咬伤，后其表示要换个地方，其同意后让其起来，一起去别处时被被害人的朋友发现。该供述能得到被害人陈述、证人证言、检查笔录、监控录像、通话记录等在案证据的印证，具有客观真实性。其在庭审中辩解两个人摔倒在草地，在倒地时嘴唇碰到被害人的嘴唇，与其之前多份供述不一致，又无法合理解释改变供述的理由，该细节翻供不能成立；(2) 被告人主观目的明显。被害人在反抗无果后，为求脱身，假称那个地方有监控以及可能有人路过，要求换个地方，被告人供词中也提到其很清楚被害人怕在草地上跟其发生性关系，所以才会找个推脱之词说换个地方，因此，被告人欲发生性关系的目的明确；(3) 被告人作出具体实行行为。本案案发在深夜，两人素不相识，无特殊关系、无任何矛盾，可排除被害人有意陷害被告人的可能性，被害人的陈述可信度高，被害人陈述被告人抚摸其胸部、腰部和大腿，还试图脱下其内裤，同时，被害人的手机被朱某荣控制，有被告人供述与被害人陈述、证人林某证言互相印证，该细节可以证明被告人利用控制手机让被害人不易脱身或求援，故被告人有欲强行与被害人发生性关系的具体行为；(4) 本案系犯罪未遂。被害人在被拉着走已经感觉到危险，采取了发送定位、拨打电话等求助方式，当被害人机智提出要求换地方并等来救援，是受害女性在危急情况下采取的拖延、自救的一种方式，是被告人意志以外的原因导致强奸未得逞。

综上，虽然本案被告人当庭翻供，辩护人要求排除非法证据，但法院以庭审为中心，坚持证据裁判原则，从细节入手，合理审查判断，最终形成司法认知，精准打击犯罪。

编写人：福建省厦门市海沧区人民法院　黄少斌　邱碧蓉

43

无直接证据的“零口供”案件审查及证据运用

——廖某龙盗窃案

【案件基本信息】

1. 裁判书字号

福建省厦门市海沧区人民法院（2021）闽0205刑初138号刑事判决书

2. 案由：盗窃罪

【基本案情】

2020年12月11日7时43分许，被告人廖某龙尾随被害人段某进入某地铁某站，并趁被害人段某不备之际扒窃被害人放在外套左侧口袋内的一部手机后离开现场。经鉴定，被盗手机价值人民币1116元。2020年12月16日，被告人廖某龙在某站站台被公安机关抓获。

【案件焦点】

无直接证据的“零口供”案件，如何认定被告人构成盗窃罪。

【法院裁判要旨】

福建省厦门市海沧区人民法院经审理认为：被告人廖某龙以非法占有为目的，扒窃他人财物，价值人民币1116元，其行为已构成盗窃罪。公诉机关指控的罪名成立。被告人廖某龙曾因故意犯罪被判处有期徒刑以上刑罚，其在刑罚执行完毕五年内再犯应当判处有期徒刑以上刑罚之罪，系累犯，依法应当从重处罚。被告人廖某龙具有多次盗窃前科，可酌情从重处罚。

福建省厦门市海沧区人民法院依照《中华人民共和国刑法》第二百六十四条、第六十五条第一款、第六十四条之规定，作出如下判决：

一、被告人廖某龙犯盗窃罪，判处有期徒刑十个月，并处罚金人民币2000元；

二、责令被告人廖某龙退赔被害人段某经济损失人民币1116元。

一审判决后，被告人未提起上诉，检察机关未提起抗诉，该判决已发生法律效力。

【法官后语】

本案的主要问题是：(1) 如何把握无直接证据的“零口供”案件的审查要点；(2) 如何运用间接证据构建完整的证明体系。在盗窃案件中，犯罪行为较为隐蔽，通常缺乏监控视频、证人证言等直接证据，一旦被告人拒不供述或作无罪辩解，案件则可能面临证据不足的困境。如何审查此类案件、运用间接证据定案，做到不枉不纵，是司法实践的难点。

以间接证据定案，应严格坚持法定证明标准，遵循疑罪从无原则。同时，应当确保间接证据之间协调性、形成的证明体系的完整性、推理出的结论的唯一性。本案中，被告人廖某龙始终作无罪供述，且缺乏案发现场清晰的监控录像等直接证据，所有的有罪证据都是间接证据，但本案经查证属实的客观证据均指向廖某龙作案。案件审理中，在认真审查间接证据的基础上综合认定廖某龙实施盗窃。具体分析如下：

一、“零口供”案件审查要点

一是审查发破案经过是否客观、自然。发破案经过是指刑事案件的案发及侦查机关锁定并抓获犯罪嫌疑人的过程。立足发破案经过构建证据体系，既能在主观层面反映侦查人员从立案到破案的思维演进过程，又能在客观上表明证据体系构建、完善过程及抓获经过等情况。只有间接证据时，审查发破案经过是否客观、自然，意义尤为重要。本案中，案发当日，公安机关在接到被害人段某报案后立即展开视频侦查，通过被盗地点及周围的监控发现廖某龙及全某明、骆某财有重大作案嫌疑。后经进一步研判，被告人廖某龙与另两名同伙当日活动轨迹高度一致。可见，本案被害人的报案过程及公安机关锁定被告人廖某龙为犯罪嫌疑人的过程客观、自然。

二是审查客观性证据指向是否明确。物证、视频监控等客观性证据能够更加客观、稳定地证明案件事实，对于“零口供”案件，审查重点自然要从口供转向客观性证据，指向性越明确、单一，越有利于定案。具体到本案中，证人证言、监控视频截图相互印证，证明廖某龙与两个同伙一同出现在案发现场。经比对案发现场监控视频截图发现，廖某龙穿着特征与实施扒窃行为的男子吻合。上述客观性证据均指向廖某龙作案。

三是审查被告人无罪辩解是否合理。对被告人供述和辩解的审查，是准确认定案件事实的重点。被告人的无罪辩解若合理有据，能对案件证据提出反证，若辩解不合常理、自相矛盾，反而增强了法官内心确信。本案中，被告人廖某龙辩称其于12月15日才从郑州站乘坐火车到厦门，是来旅游的，其之前没有到过厦门，案发当天其在郑州，其不清楚为何手机中会有其乘坐12月11日从厦门北站前往郑州站的列车行程信息提示单照片。被告人的辩解与查明的事实不符，且不能得到合理解释。

二、运用间接证据构建证据体系

一是审查间接证据能否相互印证。单个间接证据证明力有限，在间接证据的运用上应当遵循多向印证规则，消除证据之间的矛盾，只有间接证据之间形成环环相扣的闭合证明锁链后才可以定案。具体到本案中，证人证言、监控视频截图、列车行程信息相互印证，证明案发当日被告人不仅人在厦门，而且就在案发现场。证人证言与扒窃现场监控视频截图相互印证，证明被告人当日穿着特征与扒窃男子一致。以上两组证据环环相扣，形成完整的证据链条，不存在无法排除的矛盾。

二是合理运用事实综合认定排除合理怀疑。在相关间接证据形成完整证据链条之后，法官要运用逻辑推理和经验法则进行综合认定。就本案而言，在确定案发时间后，通过被盗地点及周围监控发现被告人随被害人向地铁站出入口通道走去。证人证言、监控视频相互印证，证明被告人案发时就在案发现场。经比对扒窃现场监控视频截图，案发当日被告人穿着特征与实施扒窃行为的男子吻合。因此，综合认定被告人盗窃事实的过程严谨合理，符合逻辑和经验法则，得出的结论是唯一的、肯定的。

编写人：福建省厦门市海沧区人民法院　卢建斌　尹志泉

44

“零口供”案证据分析

——焦某明贩卖毒品案

【案件基本信息】

1. 裁判书字号

湖南省岳阳市君山区人民法院（2021）湘0611刑初49号刑事判决书

2. 案由：贩卖毒品罪

【基本案情】

一、以贩卖为目的出资购买毒品的事实

2020年年初，被告人焦某明经姚某介绍认识了宁某文，宁某文告知祝某朋、被告人焦某明近期将到A国购买毒品。同年2月28日左右，宁某文邀集姚某、何某租车前往云南省，准备偷渡到A国购进毒品。3月2日20时许，焦某明向姚某转账2.7万元用于购毒。宁某文等到达云南省普洱市后，宁某文让何某开车在普洱市澜沧县等待，其与姚某则偷渡至A国，从外号“财主”等人手中购买毒品。宁某文、姚某在A国购得毒品后偷渡回国，在云南省其机场附近与何某汇合，三人驾车往昆明市方向行驶，准备返回湖南省岳阳市。3月10日，宁某文等在通过边境管理大队检查站的过程中被查获，宁某文携带部分毒品逃脱，姚某、何某被抓获，民警从姚某携带的黑色挎包内查获毒品嫌疑物三包，分别净重1000.09克、999.13克、581.04克，经鉴定，毒品甲基苯丙胺共计净重1999.22克（俗称“冰毒”，甲基苯丙胺含量为73.6%），毒品甲基苯丙胺片剂共计净重581.04克（俗称“麻古”，甲基苯丙胺含量为15.0%）。

宁某文携带毒品逃离后，联系了祝某朋、被告人焦某明，要求被告人焦某明转账给自己，被告人焦某明亦询问宁某文是否过完关卡以及所处位置，表示会接应宁某文。3月14日5时许，宁某文搭乘牌照为云DT××××的出租车，从云南省富源县赶往某收费站，在经过某街道××国道公安检查站时被抓获，从其携带的黄色挎包内查获毒品疑似物三包，经鉴定，毒品甲基苯丙胺分别净重994.82克、1000.99克，共计净重1995.81克（甲基苯丙胺含量分别为82.1%、83%），毒品甲基苯丙胺片剂净重188.20克（甲基苯丙胺含量为16.4%）。

二、零包贩卖毒品的事实

1.2020年1月2日凌晨，在某酒店，雷某用微信转账550元（含50元车费）给焦某明，焦某明将一小包（约1克）冰毒交给了雷某。

2.2020年3月2日凌晨，雷某用微信转账500元给焦某明，焦某明将一小包（约1克）冰毒送至某中学路口交给了雷某。

3.2020年3月13日，卢某用微信转账200元给焦某明，焦某明在某火车站将0.3克冰毒交给了卢某。

4.2020年3月14日20时，公安局禁毒大队在某小区将被告人焦某明抓获归案。

【案件焦点】

1. 被告人焦某明是否参与祝某朋、宁某文、姚某购买毒品事件；2. 被告人焦某明是否贩卖毒品给雷某、卢某。

【法院裁判要旨】

湖南省岳阳市君山区人民法院经审理认为：被告人焦某明违反国家对毒品的管制规定，贩卖毒品甲基苯丙胺50克以上，其行为已触犯刑法，构成贩卖毒品罪。公诉机关指控被告人焦某明犯贩卖毒品罪的事实清楚，证据确实、充分，定罪准确，依法应予支持。焦某明欲购进2.7万元的毒品用于贩卖，其求购的毒品并没有得手，系因其意志以外的原因而未得逞，可认定为贩卖毒品犯罪未遂，依法可以从轻处罚。焦某明贩卖毒品的数量，根据其主观犯意和实际汇款金额，可按其出资2.7万元求购毒品的数量认定，结合本案毒品交易价格，认定其贩卖毒品的数量为约500克甲基苯丙胺。被告人焦某明在多人证明其贩卖毒品的情形下，拒不供认贩卖毒品的犯罪事实，属认罪态度不好。检察机关的量刑建议适当。综上所述，依照《中华人民共和国刑法》第三百四十七条第一款和第二款一项、第七款、第二十三条、第五十九条之规定，作出如下判决：

被告人焦某明犯贩卖毒品罪，判处有期徒刑十五年，并处没收财产人民币5万元。

一审判决后，被告人未提起上诉，检察机关未提起抗诉，该判决已发生法律效力。

【法官后语】

行为人只要以贩卖为目的收买毒品，无须事实贩卖的行为，即构成贩卖毒品。对于行为人非法收买毒品的行为，若能够查清其收买的目的是用于贩卖，则应构成贩卖毒品罪；若无法查清其收买的目的是用于贩卖，且数量达到一定标准，则应构成非法持有毒品罪。也就是说，若行为人实施了非法收买毒品的行为，那么其主观上是否存在贩卖的目的是区分贩卖毒品罪与非法持有毒品罪的关键。而“以贩卖为目的”是主观要素，不像客观事实那样能够被直接感观到，在审判实务中，对主观事实的认定是个长期以来的难题，而绝大多数被告人出于趋利避害的本能，往往对自己的真实意图予以隐瞒和否认。对于多数的故意犯罪而言，故意的内容可以通过对客观要素的把握来认定，换言之，故意的内容与客观要素是相对应的。特别是在被告人“零口供”的情况下，审判者只能通过刑事推定的方法来认定行为人的贩卖目的。但这种刑事推定方法不是有罪推定，更不是主观臆断，它要求审判者摆脱传统的口供中心主义，遵循从证到供、从客观到主观的逻辑，根据行为人购买毒品的过程、有无贩毒前科、交易习惯等证据推定其有无贩卖的目的。综合本案来分析，被告人焦某明辩称转账给姚某的2.7万元并非购毒款，而是用来游戏充值的钱，这不仅与姚某等的证言互相矛盾，也与平时焦某明的游戏充值习惯不符。被告人系无业人员，无固定收入来源，以往游戏充值金额多为数百，较少超过1000元。姚某等从境外购毒返回途中，被告人一直与其保持联系，关心毒品动向，由此可认定行为人贩卖毒品的目的。

编写人：湖南省岳阳市君山区人民法院　刘平

湖南省岳阳市中级人民法院　许燕

45

“零口供”猥亵儿童案件应实行宽松的印证规则

——唐某某猥亵儿童案

【案件基本信息】

1. 裁判书字号

山东省淄博市中级人民法院（2021）鲁03刑终208号刑事裁定书

2. 案由：猥亵儿童罪

【基本案情】

2020年10月至2021年3月，被告人唐某某利用担任某学校音乐教师的便利条件，在教室内教授葫芦丝时，采取用手揉摸腹部、胸部、阴部的方式，先后多次当众对孙某某（女，2011年10月生）、徐某某（女，2011年10月生）、刘某某（女，2012年2月生）、牛某某（女、2012年8月生）实施猥亵。

【案件焦点】

1. 仅有被害人陈述能否认定唐某某构成猥亵儿童罪；2. 教室是否为公共场所。

【法院裁判要旨】

山东省淄博市张店区人民法院经审理认为：案发后，被害人孙某某第一时间告诉同学徐某某，放学时即告诉其母，后报警，案发经过正常；各证据证实的事实虽不完全一致，但无根本矛盾，同时四名女生的陈述或证言均证实在较短时间内唐某某能够将手伸进衣服里，接触到皮肤；案发时孙某某已满九周岁，综合考虑其智力、记忆力、表达能力、精神状态及案发前与唐某某并无矛盾冲突，其陈述应真实可信；虽然唐某某拒不供认，但各证据之间能够形成完整证据链。唐某某实施犯罪的场所为学校教室，整班同学均在场，应认定为在公共场所“当众”实施猥亵犯罪。公诉机关对唐某某猥亵另外三名被害人的指控，经查：徐某某在唐某某手指碰到其胸部时便将唐某某手按住，唐某某未再实施猥亵，该行为情节显著轻微，不认为是犯罪；唐某某在指导气息时将手伸进刘某某、牛某某衣服里按压二人丹田，不构成猥亵。据此，依照《中华人民共和国刑法》第二百三十七条第三款、第六十一条之规定，作出如下判决：

被告人唐某某犯猥亵儿童罪，判处有期徒刑五年。

宣判后，唐某某提起上诉，请求改判无罪。

山东省淄博市中级人民法院经审理认为：被害人孙某某的陈述直接、具体地证实了其受侵害过程，陈述内容、表达方式符合其年龄特征，且与证人徐某某的证言等证据相互印证，足以证实一审判决认定的犯罪事实。唐某某在学校教室内，利用给学生集体上课时间，对被害人孙某某实施猥亵，属于在公共场所当众猥亵儿童情节恶劣的情形。一审判决认定事实清楚，证据确实充分，量刑适当，审判程序合法。依照《中华人民共和国刑事诉讼法》第二百三十六条第一款一项之规定，作出如下裁定：

驳回上诉，维持原判。

【法官后语】

根据《中华人民共和国刑事诉讼法》的规定，人民法院审理刑事案件应以“事实清楚，证据确实、充分”作为认定案件事实、审查判断证据的总要求。

根据我国刑事证据法学界的通说，对证据的审查应采用印证证明模式，这也是司法实务中普遍采用的证明方式。所谓印证，是指认定案件事实时，应当具有两个以上具有独立来源的证据，信息内容相互符合、彼此支持；不具有独立来源的证据不能对主证据进行补强印证。[①] 一方面，由于印证所要求的证据为犯罪事实直接生成的实质证据，对于客观证据相对充分的案件，印证证明规则自然简便易行，但在客观证据不足的案件中，印证证明规则的局限性便会凸显。尤其性侵及猥亵儿童犯罪案件中，被告人作案隐蔽性较强、物证少、证人少，“零口供”又时有发生，此时未成年被害人的陈述往往是唯一的直接证据，成为性侵或猥亵犯罪的主要、核心证据。另一方面，又因被害人系未成年人，证据保存意识差、陈述不稳定、表述不准确或因惊吓过度难以详细陈述，更增加了证据审查判断的难度。本案即是此类案件的典型代表。

对此，在性侵或猥亵儿童犯罪案件中，建议实行宽松的印证规则，破除只有一个有罪证据一律不能定案的观念。具体来说，在被告人拒不供认的情况下，应以被害人陈述为核心构建证据链，重点审查被害人陈述是否真实、合理，并综合考察案发经过是否及时自然、被告人辩解是否合理、有无其他证据相印证等情况。只要被害人陈述包含着被告人犯罪行为的全部要件事实，且该证据的真实性得到其他辅助证据的印证补强，就可以认定达到事实清楚的标准。

---

① 龙宗智：《刑事印证证明新探》，载《法学研究》2017年第2期。

具体到本案中，第一，从发案情况来看：2021年3月5日（周五）上午唐某某对孙某某实施猥亵，当日下午放学后，孙某某即将情况告知母亲张某。经慎重、反复确认，2021年3月8日（周一）下午，张某带孙某某前往派出所报案。本案案发经过及时、自然且合乎情理。第二，从被害人自身情况来看：虽然被害人孙某某存在听力障碍，但案发时孙某某已满九周岁且智力发育正常，具备用语言准确描述过去事件及有效判断事物的能力。综合考虑其年龄、智力、记忆力、表达能力、精神状态及案发前与唐某某并无矛盾，孙某某的陈述应真实可信。第三，从证据之间关系来看，被害人孙某某陈述，吹奏葫芦丝时唐老师将右手伸进孙某某衣服里揉摸其胸部、肚子及阴部，案发后第一时间便告诉同学徐某某；而据徐某某陈述，案发当天孙某某告诉其上葫芦丝课时唐老师摸了她“屁股”，且描述时孙某某指了指尿尿的地方。徐某某的陈述虽非犯罪事实直接生成的实质证据，但与孙某某的陈述相互印证，足以补强孙某某陈述的真实性。因此，孙某某报案及陈述材料与徐某某的陈述能够形成完整证据链，足以认定唐某某的行为构成猥亵儿童罪。

对于是否构成公众场合当众猥亵的问题。根据《最高人民法院、最高人民检察院、公安部、司法部关于依法惩治性侵未成年人犯罪的意见》第二十三条的规定，在校园、游泳馆、儿童游乐场等公共场所对未成年人实施强奸、猥亵犯罪，只要有其他多人在场，不论在场人员是否实际看到，均可认定为在公共场所当众实施犯罪。鉴于本案案发地为学校教室且当时全班同学都在场，因此应认定为在公共场所当众实施。综上，唐某某在公共场所当众猥亵儿童，情节恶劣，以猥亵儿童罪对其判处有期徒刑五年，定罪准确，量刑适当。

编写人：山东省淄博市中级人民法院　孟爱玉

四、程　序

46

竞合犯罪中检察机关指控的犯罪因法律变更属无罪时，检察机关是否可在再审程序中要求重新变更指控罪名

——杨某兰生产、销售假药案

【案件基本信息】

1. 裁判书字号

新疆维吾尔自治区喀什地区中级人民法院（2021）新31刑再2号刑事判决书

2. 案由：生产、销售假药罪

【基本案情】

2015年6月16日，被告人杨某兰与某气体公司签订《承包经营合同》一份，约定由被告人杨某兰负责经营某气体公司。合同到期后，双方口头约定继续由被告人杨某兰负责经营某气体公司。该公司的药品生产许可证于2016年10月12日到期。在药品生产许可证过期后，杨某兰仍然生产、销售医用氧，并向某医院等13家医院销售医用氧4.2万余瓶，生产、销售金额达1435106.18元。

【案件焦点】

在本案二审再审程序审理过程中，公诉机关是否可以要求重新变更起诉罪名。

【法院裁判要旨】

新疆维吾尔自治区喀什市人民法院经审理认为：被告人杨某兰违反国家药品管理法规，明知药品生产许可证到期，在未取得药品审批许可证、经喀什地区食药监局查处责令停止生产的情况下，仍然继续生产、销售医用氧，生产、销售金额 1435106.18 元，情节特别严重，其行为已构成生产、销售假药罪。“生产、销售金额”，是指生产、销售假药所得和可得的全部违法收入，故对辩护人称被告人没有收到全部销售款项，涉案金额认定有误的辩护意见，本院不予采纳。鉴于被告人杨某兰到案后如实供述自己的罪行，属坦白，认罪态度较好，确有悔罪表现，对其依法从轻处罚。依照《中华人民共和国刑法》第一百四十一条、第六十七条第三款、第五十二条、第五十三条、《中华人民共和国药品管理法》第四十八条第三款第二项之规定，作出如下判决：

被告人杨某兰犯生产、销售假药罪，判处有期徒刑十年二个月，并处罚金 3000000 元。

宣判后，原审被告人杨某兰不服，向新疆维吾尔自治区喀什地区中级人民法院提出上诉。新疆维吾尔自治区喀什地区中级人民法院审理认为二审查明的事实与一审认定的事实一致，作出如下裁定：

驳回上诉，维持原判。

原审被告杨某兰不服，向新疆维吾尔自治区喀什地区中级人民法院提出申诉，新疆维吾尔自治区喀什地区中级人民法院于 2020 年 10 月 26 日作出（2020）新 31 刑申 19 号驳回申诉通知书。杨某兰仍不服，向新疆维吾尔自治区高级人民法院提出申诉，新疆维吾尔自治区高级人民法院于 2020 年 12 月 3 日作出（2020）新刑申 98 号再审决定书，指令新疆维吾尔自治区喀什地区中级人民法院对本案进行再审。新疆维吾尔自治区喀什地区中级人民法院再审认为：对检察机关提出的根据新修订的《中华人民共和国药品管理法》的规定，杨某兰的行为不构成生产销售假药罪，但根据《中华人民共和国刑法》第二百二十五条第四款的规定，其行为构成非法经营罪，要求再审以非法经营罪对杨某兰予以定罪量刑的意见，根据《最高人民法院关于适用〈中华人民共和国刑事诉讼法〉的解释》第四百六十五条的规定，依照再审程序重新审判的案件，人民法院应当重点针对申诉、抗诉和决定再审的理由进行审理。本案系因原审被告人的申诉而被新疆维吾尔自治区高级人民指令再审的案件，故原审被告人的申诉理由是本案审查的重点。且本案是依照二审程序进行的再审审判，所作出的判决、裁定系终审的判决、裁定。该案原公诉机关是以杨某兰犯生产销售假药罪向一审法院提起公诉，一审、二审法院也是以检察机关指控的该罪名及侦查机关针对杨某兰涉嫌犯生产销售假药罪进行的侦查予以审理并作出裁判，原审被告人杨某兰也是基于生产销售假药罪进行的申诉，故本院再审应针对原生效裁判是否存在错误予以审查。而检察机关提出的按照非法经营罪对杨某兰进行定罪量刑的意见，因原审中并未涉及及处理该问题，故该问题不属本案再审解决的事项。如再审中对该事项进行审查处理，明显违反两审终审原则及剥夺了原审被告人杨某兰的诉权，故对其该意见本院不予采纳。

综上，对原审被告人杨某兰及其辩护人提出的应当依照新修订的法律判决杨某兰无罪的辩解及辩护意见，本院予以采纳。经本院审判委员会讨论决定，根据《中华人民共和国刑事诉讼法》第二百五十六条，《最高人民法院关于适用〈中华人民共和国刑事诉讼法〉的解释》第四百七十二条第一款第三项之规定，判决如下：

一、撤销新疆维吾尔自治区喀什市人民法院（2019）新 3101 刑初 335 号刑事判决及新疆维吾尔自治区喀什地区中级人民法院（2019）新 31 刑终 419 号刑事裁定；

二、原审被告人杨某兰无罪。

【法官后语】

本案系一起因法律变更而进行再审的案件。因原一二审依据的《中华人民共和国药品管理法》第四十八条第三款第二项关于被告人杨某兰的行为构成生产、销售假药罪的条款，在新修订的《中华人民共和国药品管理法》中已被删除。根据新修订《中华人民共和国药品管理法》的相关规定，本案被告人杨某兰的行为不构成犯罪。故再审依据刑法从旧兼从轻原则，改判杨某兰无罪。本案二审审理过程中，新修订的《中华人民共和国药品管理法》已经实施，但二审仍适用修订前的《中华人民共和国药品管理法》的相关规定，认定杨某兰的行为构成生产、销售假药罪，并对其进行定罪量刑，显属适用法律错误，处理结果不当，故再审对此予以纠正。在实践活动中，确实存在二审程序中因法律变更而检察机关根据法律变更而改变指控罪名，要求人民法院以其变更后的指控罪名对被告人定罪量刑，人民法院根据检察机关变更后的指控罪名及查明的事实，对被告人进行定罪量刑处理。但在此情况下，一般是依据变更的罪名对被告人定罪量刑低于原一审的定罪量刑，若二审依据变更的罪名对被告的量刑处罚高于原一审量刑处罚的，一般不应直接改判，因该二审判决属终审判决，若加重判决将剥夺了被告人的上诉权，这也违背了上诉不加刑原则，以及从旧兼从轻原则，故二审中人民法院依据检察机关变更的指控罪名对被告人进行定罪量刑的情形属于第一种情形。

在二审再审程序中，检察机关是否可以变更起诉罪名问题，刑事诉讼法没有明确规定，但根据刑法的上诉不加刑、从旧兼从轻原则及刑事诉讼法规定的再审程序审理的焦点为申诉、抗辩和决定再审的理由进行再审的规定，可以说明再审程序是基于被告人的申诉及决定再审理由或检察机关的抗诉理由而作出的处理。本案的再审程序属二审程序，是因被告人申诉，由自治区高级人民法院指令再审的案件，故其申诉理由是法院再审审理的焦点，本案基于法律变更，致使原一二审判决认定的罪名已不存在，申诉人要求判决认定其无罪而提起的再审，故再审焦点查明申诉人的申诉理由是否成立，而本案再审查明确实在本案作出二审生效判决前因法律变更，被告人的行为已不构成犯罪，故公诉机关指控的生产、销售假药罪不成立及原判决对被告人的定罪量刑亦是不当，故再审撤销原一二审判决，认定被告人无罪的处理结果符合相关法律规定，也是对被告人合法权益的保障。

对在再审中，检察机关提出要求定性为非法经营罪对被告人进行定罪量刑的意见，合议庭认为其违背两审终审的审判原则，如在本案再审程序中直接改判，以非法经营罪对被告人进行定罪量刑，很明显就变成一审终审，剥夺了被告人对非法经营罪定罪量刑不服的上诉权，与刑事诉讼法的相关规定相悖，本案再审根据变更后法律的相关规定可以认定为被告人的行为不构成犯罪，应对其作出无罪判决。如在此情况下，检察机关对其公诉时选择的较重罪名要求变更为较轻罪名，再次对被告人以非法经营罪进行定罪处罚，很明显加重了对被告人的处罚，也将其公诉时选择罪名存在的风险及责任转嫁由被告人承担。这与刑事诉讼中当事人在侵权与违约竞合的情况下选择某一法律关系而提起诉讼，可能导致不同的判决结果，而当事人应当对其选择法律案由负责、受其约束的道理相同，故公诉机关亦应对其原公诉罪名的确认承担相应的后果，且本案再审程序是纠正原一二审生效判决的错误，而不是审理被告人还有无其他犯罪未被追诉，如作为公诉机关的检察院认为被告人的行为还构成其他犯罪，应予追诉，其应当以其他罪名另行提起公诉，予以处理。而不是在二审再审程序中随机变更罪名，很明显违背二审终审原则，也不能依法保障被告人的合法权益。

综上，被告人以非法经营罪予以处理的意见未予采纳符合刑法处罚原则和刑事诉讼法的相关规定。故在二审程序的刑事再审案件中，检察机关依据竞合犯选择较重的犯罪对被告人提起公诉后，因法律变更而致使该罪名不成立，被告人无罪时，检察机关在再审中要是变更其指控罪名的，人民法院不应采纳，可告知其另行追诉。

编写人：新疆维吾尔自治区喀什地区中级人民法院　张荣琴

47

适用认罪认罚从宽制度如何进行实质审查

——王某玉非法吸收公众存款案

【案件基本信息】

1. 裁判书字号

北京市第二中级人民法院（2021）京02刑终450号刑事判决书

2. 案由：非法吸收公众存款罪

【基本案情】

2014年3月至2015年，上诉人王某玉伙同王某霞、马某才、刘某蕾（均已判刑）等，在某大厦××座××内，未经有关部门依法批准，通过推介会等途径向社会公开宣传，以某龙公司的名义与投资人签订投资借款协议、股权转让合同，承诺在一定期限内还本付息，向社会公众非法吸收资金共计2000余万元。2019年8月30日，王某玉被侦查人员抓获归案。

【案件焦点】

王某玉签署认罪认罚具结书但否认主要犯罪事实，一审法院未进行实质审查，仍适用认罪认罚从宽制度进行审理并采纳公诉机关量刑建议是否适当。

【法院裁判要旨】

北京市东城区人民法院经审理认为：被告人王某玉违反国家法律规定，伙同他人非法吸收公众存款，数额巨大，其行为已构成非法吸收公众存款罪，依法应予刑罚处罚。北京市东城区人民检察院指控事实清楚，证据确实、充分，指控罪名成立。鉴于被告人王某玉能够自愿认罪认罚，在共同犯罪中系从犯，本院依法对其予以从轻处罚。公诉机关的量刑建议适当，本院予以采纳。辩护人的合理辩护意见，本院亦予以采纳。依照《中华人民共和国刑法》第一百七十六条第一款、第二十五条第一款、第二十七条、第五十二条、第五十三条、第六十七条第三款及《最高人民法院关于审理非法集资刑事案件具体应用法律若干问题的解释》第一条、第二条、第三条之规定，作出如下判决：

被告人王某玉犯非法吸收公众存款罪，判处有期徒刑三年六个月，并处罚金人民币8万元。

王某玉不服一审判决，提起上诉。

北京市第二中级人民法院经审理认为：上诉人王某玉伙同他人非法吸收公众存款，扰乱金融秩序，其行为已构成非法吸收公众存款罪，且犯罪数额巨大，依法应予惩处。王某玉是某龙公司吸资网点负责人之一，与王某霞、马某才共同组织、实施了本案的非法吸收公众存款犯罪活动，在共同犯罪中起主要作用，系主犯；王某玉否认主要犯罪事实，未真正认罪认罚，根据其在共同犯罪中的行为表现，结合到案后的供述情况，不能得出犯罪主观恶性较小的结论；司法机关未限制或剥夺王某玉的上诉权，一审认定王某玉系从犯有误，且在王某玉否认主要犯罪事实的情形下适用认罪认罚从宽制度，导致王某玉不当获得从轻处罚，依法应予改判。

北京市第二中级人民法院依照《中华人民共和国刑法》第十二条第一款、第一百七十六条第一款、第二十五条第一款、第五十二条、第五十三条、第六十一条，《中华人民共和国刑事诉讼法》第二百三十六条第一款第二项，《最高人民法院关于审理非法集资刑事案件具体应用法律若干问题的解释》第一条第一款、第二条第八项、第三条第二款第一项和第三款之规定，作出如下判决：

一、撤销北京市东城区人民法院（2020）京0101刑初25号刑事判决书；

二、上诉人王某玉犯非法吸收公众存款罪，判处有期徒刑三年八个月，并处罚金人民币8万元。

【法官后语】

2016年9月，全国人大常委会授权最高人民法院、最高人民检察院在部分地区开展刑事案件认罪认罚从宽制度（以下简称认罪认罚制度）试点工作；2018年10月，刑事诉讼进行修改，明确规定了认罪认罚制度。从试点到全国开展，认罪认罚制度已成为国家贯彻落实宽严相济刑事政策的一项重要司法制度。依据法律规定，结合制度架构，认罪认罚制度必须坚持罪责刑相适应、证据裁判原则，明显有别于域外认罪协商。人民法院在贯彻执行认罪认罚制度过程中，不能简单地以判决形式对控辩双方签署的认罪认罚具结书（以下简称具结书）直接确认，而应该坚持以审判为中心的立场，对事实证据、认罪认罚真实性、量刑建议分别进行实质审查。

一、对事实证据的实质审查

《最高人民法院、最高人民检察院公安部、国家安全部、司法部关于适用认罪认罚从宽制度的指导意见》（以下简称《指导意见》）明确指出，认罪认罚制度应坚持证据裁判原则。人民法院适用认罪认罚制度，认定案件事实、确定量刑情节均应依据审查确认的证据，而非控辩双方以具结书形式针对犯罪事实、量刑情节达成的合意。

在本案中，王某霞、马某才、尹某廷、孙某敏等的证言与投资借款协议、银行账户交易明细等证据相互印证，证实王某玉是某龙公司在某大厦设立的吸资网点负责人之一，与王某霞、马某才共同组织、实施了本案的非法吸收公众存款犯罪活动，参与接待投资人和组织会议，安排投资人到矿上实地考察，向投资人宣传投资借款、股权转让项目，提供银行卡用于收取集资款和还本付息。王某玉积极参与非法吸收公众存款，在共同犯罪中起主要作用，依法应认定系主犯。原判在适用认罪认罚制度审理本案时，未针对王某玉的辩解组织控辩双方对关键证据进行充分举证、质证，也未对控辩双方偏离认罪认罚的倾向进行适当引导，缺乏对事实证据的实质审查，导致不当采信公诉机关所提从犯的建议。

二、对认罪认罚真实性的实质审查

《中华人民共和国刑事诉讼法》第一百九十条第二款规定，人民法院适用认罪认罚制度应当审查具结书内容的真实性。《指导意见》提出，认罪认罚制度中的认罪是指《犯罪嫌疑人、被告人自愿如实供述自己的罪行，对指控的犯罪事实没有异议》。由此可见，如实供述犯罪事实是认罪认罚真实性的重要体现，也是适用认罪认罚制度必备的前提条件。

在实践中，部分司法机关片面追求认罪认罚制度的适用率，被告人为利用该项制度获得从轻处罚，出现被告人否认主要犯罪事实，控辩双方仍签署具结书的情形。针对上述问题，人民法院应依法对认罪认罚真实性开展实质审查，将形式认罪而实质不认罪排除在认罪认罚制度适用范围之外。王某玉在庭审过程中否认参加非法吸收公众存款，即便其与公诉机关签署了具结书，也不应对其适用认罪认罚制度进行审判，更不应据此对其从轻处罚。

三、对量刑建议的实质审查

《中华人民共和国刑事诉讼法》第二百零一条第二款规定，人民法院经审理认为量刑建议明显不当，人民检察院不调整或调整后仍然明显不当，人民法院应当依法判决。量刑建议本质上属于求刑权，刑罚裁量权系审判权的重要组成部分。“作为行使国家审判权的唯一机关，对被告人判以何种类型、何种具体刑罚之决定权，必须交由法院来把握”①，放弃或虚化刑罚裁量权，以求刑权代替刑罚裁量权，不利于审判权的准确行使和认罪认罚制度的正确实施。人民法院在适用认罪认罚制度时，应当对量刑建议进行实质审查。

认罪认罚制度伴生出精准量刑建议，可以增强被告人对刑罚的可预测性。精准量刑建议要求对犯罪事实、情节做到准确把握，对同期类案量刑进行全面了解，对系列案件刑期实现基本均衡。具结书作为控辩双方合意的载体，精准量刑建议还要兼顾被告人对刑罚的心理预期。实践中已出现指控事实有误，量刑情节认定不准，系列案件量刑失衡，过度兼顾被告人刑罚预期的精准量刑建议。人民法院对量刑建议不进行实质审查而是“照单全收”，必将导致量刑畸轻畸重和同案不同判等问题。

综上，二审结合控辩双方意见，对证明王某玉犯罪行为以及在共同犯罪中

---

① 郭烁：《控辩主导下的“一般应当”：量刑建议的效力转型》，载《国家检察官学院学报》2020年第3期。

地位、作用的证据进行了充分举证和质证，对案件事实证据、认罪认罚真实性、量刑建议进行全面实质审查，撤销了一审判决认定王某玉具有认罪认罚、从犯两项从宽情节，参考类案量刑，对王某玉的刑罚依法进行了改判。

编写人：北京市第二中级人民法院　周耀

48

死刑案件可适用认罪认罚

——黄某安故意杀人案

【案件基本信息】

1. 裁判书字号

湖南省高级人民法院（2021）湘刑核 44547839 号刑事裁定书

2. 案由：故意杀人罪

【基本案情】

被告人黄某安和被害人刘某根均居住在某小区，二人系隔壁邻居。因刘某根种菜和黄某安养狗，二人产生矛盾。2019 年 7 月，黄某安与刘某根在小区内发生争执后互殴，两人均受伤，经派出所调解，双方对各自伤情负责。事后，刘某根在小区行走时手上拿把刀或者在皮带上插把刀，黄某安及其家人感觉受到威胁，黄某安担心刘某根会谋害其外孙女，时刻提防刘某根。2020 年 5 月 21 日，黄某安在朋友家大量饮酒，当日 15 时许，黄某安骑摩托车回到小区，黄某安以为刘某根正在绑架挟持其外孙女，遂从摩托车内拿出尖刀，来到刘某根家门口用力捶门，后强行进入刘某根家中，黄某安手持尖刀朝刘某根的胸部、手臂、手掌等部位连续猛刺十多刀，致刘某根当场死亡。随后，黄某安来到株洲市公安局渌口分局渌口派出所投案，并交出携带的作案工具。经法医尸体检验鉴定，被害人刘某根系生前被一定长度的锐器刺入胸腔造成肺脏及肺动脉、主动脉破裂导致大量失血而死亡。经司法精神病鉴定，被告人黄某安诊断为普通醉酒，在实施危害行为时具有完全刑事责任能力。案发后，黄某安的家属赔付被害人家属人民币5700元。

【案件焦点】

公诉机关量刑建议为死刑的案件，是否可适用认罪认罚从宽制度。

【法院裁判要旨】

湖南省株洲市中级人民法院经审理认为：被告人黄某安故意非法剥夺他人生命，致一人死亡，构成故意杀人罪。被告人黄某安犯罪以后自动投案，如实供述自己的主要犯罪事实，系自首，依法可以从轻处罚。被告人黄某安在审查起诉阶段认罪认罚，依法可以从轻从宽处罚。被告人黄某安犯罪手段特别残忍、后果特别严重，依法应适用死刑，但鉴于其具有自首、认罪认罚等情节，且本案系相邻纠纷引起，故对被告人黄某安依法可不予立即执行。

湖南省株洲市中级人民法院根据被告人黄某安犯罪的事实、性质、情节和对于社会的危害程度，对被告人黄某安适用《中华人民共和国刑法》第二百三十二条、第三十六条第一款、第四十八条第一款、第五十七条第一款、第六十一条、第六十七条第一款之规定，并依照《中华人民共和国刑事诉讼法》第一百零一条第一款、第二百零一条与《最高人民法院关于适用〈中华人民共和国刑事诉讼法〉的解释》第一百九十二条第一款和二款，第三百五十四条，第三百五十五条第一款和第二款以及《最高人民法院关于审理人身损害赔偿案件适用法律若干问题的解释》第二十七条之规定，判决如下：

一、被告人黄某安犯故意杀人罪，判处死刑，缓期二年执行，剥夺政治权利终身；

二、判令被告人黄某安赔偿附带民事诉讼原告人刘某、刘某某、段某元的经济损失即丧葬费人民币41178元（含已经支付的人民币5700元），限在本判决生效后三个月内付清；

三、驳回附带民事诉讼原告人刘某、刘某某、段某元的其他诉讼请求；

四、随案移送的作案工具尖刀一把，予以没收。

一审宣判后，被告人未提起上诉，检察机关未提起抗诉，湖南省株洲市中级人民法院依法将刑事部分判决报送湖南省高级人民法院核准。

湖南省高级人民法院经审查认为：原审判决认定的事实清楚，证据确实、充分定罪准确，量刑适当，审判程序合法。作出如下裁定：

核准湖南省株洲市中级人民法院（2021）湘02刑初5号以故意杀人罪对被告人黄某安判处死刑，缓期二年执行，剥夺政治权利终身的刑事判决。

【法官后语】

本案公诉机关量刑建议为死刑，死刑已是刑法规定的刑罚中的最高刑期，对可能判处死刑的案件是否适用认罪认罚从宽存在争议。《最高人民法院、最高人民检察院公安部、国家安全部、司法部关于适用认罪认罚从宽制度的指导意见》规定，认罪认罚从宽制度没有适用罪名和可能判处刑罚的限定，所有刑事案件都可以适用。但"可以"适用不是一律适用，被告人认罪认罚后是否可以从宽，由司法机关根据案件具体情况决定。

重罪案件特别是死刑案件适用认罪认罚，一是严格掌握证据标准。无论被告人认罪与否，都应当适用同一标准，贯彻证据裁判原则，确保被告人的有罪供述与客观证据相互印证。二是严格规范程序。充分保障被告人的辩护权，确保被告人在制度适用、定罪量刑等问题与辩护人充分沟通的基础上，自愿认罪认罚。三是重视被害人权利保障。听取被害人或其家属对案件处理的意见，并将被告人是否赔偿损失、赔礼道歉，是否取得被害人或其家属的谅解作为量刑的参考因素。

本案是否适用认罪认罚从宽制度，在事实清楚，证据确实、充分的基础上，从两个维度考虑：第一，认罪认罚自愿性审查。经审查，在签署认罪认罚具结书及庭审时，告知被告人认罪认罚后果，辩护人全程见证，与被告人充分沟通后，被告人对适用法律和判处死刑的量刑建议没有提出异议。辩护人在认可主要犯罪事实的基础上，提出了辩护意见，充分保障被告人的辩护权。被告人从案发第一现场出来即携带作案工具前往派出所投案，并如实供述了全部犯罪事实。虽其一直供述"看见被害人正在绑架挟持其外孙女"不属实，但对指控杀害被害人的主要犯罪事实予以认可，因此，被告人对指控的个别细节有异议不影响"认罪"的认定。第二，从宽幅度的把握。应坚持罪、刑、责相适应，根据犯罪的事实、性质、情节和对于社会的危害程度，结合法定、酌定的量刑情节，综合考虑被告人认罪认罚的时间及被告人悔罪态度和悔罪表现、退赃退赔、赔礼道歉等具体情况依法确定是否从宽以及从宽幅度。本案被告人黄某安故意杀害他人的手段特别残忍、后果特别严重，依法应适用死刑，但鉴于其具有自首、家属帮助退赔部分损失、认罪悔罪等情节，且本案系相邻纠纷引起，被告人在侦查阶段即认罪认罚，彻底、稳定供述，从刑罚评价上，主动认罪优于被动认罪、早认罪优于晚认罪、彻底认罪优于不彻底认罪、稳定认罪优于不稳定认罪，故可对被告人从宽处理，但被害方不同意对被告人从宽处理，且没有赔偿全部损失，也未能与被害方达成调解，未能取得被害方谅解，从宽时应予以酌减，被告人有自首情节，同时认罪认罚，在法定幅度内可给予相对更大的从宽幅度，但自首与认罪认罚不作重复评价。综上，依法对被告人判处死刑可不予立即执行。

编写人：湖南省株洲市中级人民法院　杨英

49

未经法庭调查和法庭辩论在判决书中超出指控范围增加从重量刑事实有违程序正当要求，二审宜发回重审

——黄某某等组织卖淫、协助卖淫案

【案件基本信息】

1. 裁判书字号

四川省金堂县人民法院（2020）川0121刑初68号刑事判决书

2. 案由：组织卖淫罪、协助卖淫罪

【基本案情】

2019年4月，被告人黄某某租住某镇某街某房屋开设卖淫场所，后被告人周某某得知后加入，二被告人先后组织卖淫女4人（其中两人实为未成年人，该事实在公诉机关第一次指控的犯罪事实无，发回重审后补充起诉该事实），在该场所多次进行卖淫活动并从中获利，被告人李某负责收钱、管理该场所卖淫女等活动。2019年6月13日，因该场所卖淫女与三被告人发生争执，引起巡逻警察注意，民警到现场后拦获7名女性，10名男性。四川省金堂县人民检察院对三被告人提起公诉，指控被告人黄某某伙同被告人周某某、李某自2019年4月起开设卖淫场所，组织买卖淫活动，并从中获利，构成组织卖淫罪，被告人李某负责对卖淫女的管理，构成协助组织卖淫罪，应依法判处。

【案件焦点】

1. 一审未经庭审调查和辩论，在判决书中超出指控范围认定被告人具有组织未成人卖淫的从重量刑情节，程序是否正当；2. 二审应该如何处理，是查清

事实后依法判处还是直接发回重审。

【法院裁判要旨】

四川省金堂县人民法院经审理认为：被告人黄某某、周某某组织他人卖淫，其行为均已构成组织卖淫罪；被告人李某协助组织卖淫，其行为已构成协助组织卖淫罪。被告人黄某某、周某某如实供述，系坦白，酌情予以从轻处罚；卖淫女子中有两名未成年人，依法从重处罚；被告人李某归案后如实供述协助组织卖淫的事实，依法可以从轻处罚；在共同犯罪中被告人黄某某的作用较被告人周某某更大，三被告人均系初犯，依法予以从轻处罚。依照《中华人民共和国刑法》第三百五十八条第一款和第二款、第四款、第六十七条第三款、第二十五条第一款、第六十四条、第五十二条、第五十三条之规定，判决：

一、被告人黄某某犯组织卖淫罪，判处有期徒刑六年六个月，并处罚金人民币 10000 元；

二、被告人周某某犯组织卖淫罪，判处有期徒刑六年，并处罚金人民币 8000 元；

三、被告人李某犯协助组织卖淫罪，判处有期徒刑二年，并处罚金人民币 4000 元。

宣判后，被告人黄某某、周某某均以原判认定具有组织未成年人卖淫法定加重情节错误、量刑过重等为由，原审被告人李某以原判量刑过重为由提起上诉。

四川省成都市中级人民法院经审理认为：原公诉机关在提起公诉时，其起诉状中没有“组织未成年人卖淫”这一法定从重量刑情节的指控犯罪事实和指控犯罪意见。一审法院在开庭审理过程中，未就这一加重量刑情节进行法庭调查和法庭辩论。各被告人在拿到一审判决书时才发现有前述从重量刑事实，进而均提起上诉。通过对全案证据的审查，还发现一审法院认定两名卖淫女系未成人的证据，仅有被告人供述和卖淫女陈述，缺乏直接证明卖淫女属未成人的户籍及年龄证据。一审法院认定被告人组织未成人卖淫这一加重量刑事实，证据尚未达到确实充分的标准。原判认定被告人组织未成人卖淫的证据不足，事实不清。原审法院未经法庭调查和法庭辩论在判决书中超出指控范围增加从重量刑事实，剥夺了被告人的诉讼权利，审判程序违反法律规定，可能影响公正审判，据此根据《中华人民共和国刑事诉讼法》第二百三十八条第五项规定，作出如下裁定：

撤销原判，发回重审。

发回重审后，原一审法院依法重新审理本案。

四川省金堂县人民法院经审理认为：本案中从事卖淫活动的有两名未成年人，其年龄均为十六周岁左右，与已满十八周岁的成年人具有较大的差距，并不足以使被告人产生其已成年的错误认识，被告人在组织卖淫的过程中，对卖淫人员中存在两名未成年人予以放任，仍系组织未成年人卖淫，应当依法从重处罚；被告人李某某牛归案后如实供述协助组织卖淫的事实，依法可从轻处罚；三被告人均系初犯，对被告人的辩护人以此为由提出从轻处罚的辩护意见予以采纳。

四川省金堂县人民法院依照《中华人民共和国刑法》第三百五十八条第一款、第二款、第四款，第六十七条第三款，第二十五条第一款、第六十四条，第五十二条，第五十三条之规定，作出如下判决：

一、被告人黄某某犯组织卖淫罪，判处有期徒刑六年六个月，并处罚金人民币 10000 元；

二、被告人周某某犯组织卖淫罪，判处有期徒刑六年，并处罚金人民币 8000 元；

三、被告人李某犯协助组织卖淫罪，判处有期徒刑二年，并处罚金人民币 4000 元；

四、对公安机关扣押的被告人黄某某使用的一部白色手机、被告人周某某使用的一部黑色手机、被告人李某使用的一部黑色手机予以没收。

宣判后，被告人未提起上诉，检察机关未提起抗诉，该判决已发生法律效力。

【法官后语】

2021年3月1日起施行的《最高人民法院关于适用〈中华人民共和国刑事诉讼法〉的解释》（以下简称《新刑诉法司法解释》）第二百九十七条修改了《2012年解释》第二百四十三条的规定，新增审判期间发生新的量刑事实的处理规则。然而本案一审、二审和重审期间《新刑诉法司法解释》尚未实施，一审法院对审判期间发现新的从重量刑事实，没有通知检察院，补充、变更、追加起诉，在诉讼程序上不存在明显违法。但根据以审判为中心的诉讼制度改革要求，无论是原指控的犯罪事实还是法院在审理期间发现的新的从重量刑事实，均应该按照“四个在法庭”① 的要求，对从重量刑情节进行法庭调查和法庭辩论。一审法院未经法庭调查和法庭辩论，在判决书中超出指控范围，径行增加被告人的从重量刑事实认定，有违程序正当要求，但这是否属于《中华人民共和国刑事诉讼法》第二百三十八条②规定的，剥夺或者限制了当事人的法定诉讼权利，或者其他违反法律规定的诉讼程序，可能影响公正审判的情形，目前法律及司法解释并没有明确规定。且在案亦缺乏直接证明从重量刑情节的关键证据，原判认定被告人具有组织未成人卖淫的事实不清、证据不足。二审法院可以根据《中华人民共和国刑事诉讼法》第二百三十六条③的规定，以原判决事实不清楚或者证据不足为由，在查清事实后改判或者裁定撤销原判，发回原审。按照二审全面审查的规定，如果以此直接改判或发回重审，则不能明确指

---

① 《最高人民法院、最高人民检察院、公安部、国家安全部、司法部关于推进以审判为中心的刑事诉讼制度改革的意见》规定“四个在法庭”，即诉讼证据出示在法庭、案件事实查明在法庭、诉辩意见发表在法庭、裁判结果形成在法庭。

② 《中华人民共和国刑事诉讼法》第二百三十八条规定，第二审人民法院发现第一审人民法院的审理有下列违反法律规定的诉讼程序的情形之一的，应当裁定撤销原判，发回原审人民法院重新审判：（1）违反本法有关公开审判的规定的；（2）违反回避制度的；（3）剥夺或者限制了当事人的法定诉讼权利，可能影响公正审判的；（4）审判组织的组成不合法的；（5）其他违反法律规定的诉讼程序，可能影响公正审判的。

③ 《中华人民共和国刑事诉讼法》第二百三十六条规定：“第二审人民法院对不服第一审判决的上诉、抗诉案件，经过审理后，应当按照下列情形分别处理……（三）原判决事实不清楚或者证据不足的，可以在查清事实后改判；也可以裁定撤销原判，发回原审人民法院重新审判。”

出一审在诉讼程序中存在的问题。对此，在司法实践中存在三种不同的处理方式：一是对原判认定的从重加重情况，在查明事实后，依法裁判。二是以原判事实不清楚或者证据不足为由，裁定撤销原判发回原审。三是以原判违反法律规定的诉讼程序，可能影响公正审判为由，裁定撤销原判发回原审。比较三种处理方式，前者可以节约司法资源提高司法效率，但是剥夺了被告人对认定从重量刑情节的辩护权和上诉权，不利于保护被告人的合法权益。第二种和第三种虽然可能使程序更加冗长但更能充分保障被告人的上诉权、辩护权。且第三种相较第二种方式，更能体现程序正义的要求，更符合刑事诉讼法保障被告人合法权益的价值取向。因此，未经法庭调查和法庭辩论，在判决书中超出指控范围增加从重量刑事实有违程序正当要求，二审宜发回重审。

一、法院对被告人从重量刑事实的认定，不能超出检察院起诉书指控的犯罪事实范围

诉审同一原则作为新时代刑事诉讼的一项重要原则，其核心要义就是犯罪事实的诉审同一。法院审判的犯罪事实须与公诉机关指控的犯罪事实保持同一，法院不能超出起诉指控的犯罪事实进行审判。对此《新刑诉法司法解释》第二百九十七条规定，审判期间，人民法院发现新的事实，可能影响定罪量刑的，或者需要补查补证的，应当通知人民检察院，由其决定是否补充、变更、追加起诉或者补充侦查。人民检察院不同意或者在指定时间内未回复书面意见的，人民法院应当就起诉指控的事实，依照本解释第二百九十五条的规定作出判决、裁定。对不影响定罪量刑的非关键证据、有利于被告人的量刑证据以及认定被告人有犯罪前科的裁判文书等证据，经庭外征求意见，控辩双方没有异议的除外。有关情况，应当记录在案。因此，对于被告人有利的量刑证据，可以不按照“四个在法庭”的严格要求，采取庭外核实的方式进行。根据前述规定，可以得出，在审理期间发现新的事实，可能影响定罪量刑的，存在两种不同的处理路径。对于发现加重被告人量刑的事实，不仅需要通知检察院，由检察院决定是否补充、变更、追加起诉；同时对于相关证据，必须在法庭上予以出示和质证。而对于对被告人有利的量刑事实，在司法实践中，往往不需要建议检察

院补充、变更、追加起诉，只需听取检察院意见即可，而且相关证据也可以庭外核实。这种情况，如被告人的赔偿谅解相关证据，则可以通过庭外核实的方式，予以采信。在二审中，也可以采取书面审的方式，在征求控辩双方意见后，直接予以采信，而不必开庭审理。

因此，在法院审理过程中如果发现公诉机关未经起诉的新的量刑事实，依法应当加重被告人刑罚的，法院不能自行扩大审理范围对未经起诉的从重量刑事实进行审判，而应该建议公诉机关补充、追加或者起诉。本案一审法院发现的事实是被告人黄某某和周某某在组织卖淫的卖淫女中，还存在未成人。根据《中华人民共和国刑法》第三百五十八条的规定，组织、强迫他人卖淫的，处五年以上十年以下有期徒刑，并处罚金；情节严重的，处十年以上有期徒刑或者无期徒刑，并处罚金或者没收财产。组织、强迫未成年人卖淫的，依照前款的规定从重处罚。因此，二被告人组织未成人卖淫，属于法定的从重加重处罚情节。但这一事实在公诉机关第一次提起公诉时并没有指控被告人有组织未成人卖淫的这一加重情况。

既然一审法院在判决中认定存在“组织未成年人卖淫”的从重情节，说明其在审理过程中至少是判决作出前即发现了这一从重情节，但从案卷材料来看，一审法院既未组织法庭调查、辩论，也未建议检察机关补充侦查或变更起诉，即直接作出裁判，即使被告人均对所犯罪名认罪，但因检察机关中未包含对“从重情节”的指控而实质上未实现“认罚”，此种情况下，人民法院不能以未经质证的事实和证据作出裁判。对于人民法院补充侦查、变更或补充起诉的要求，若人民检察院不同意或未在指定时间内书面答复，人民法院也只能就起诉指控的事实作出判决、裁定。原判未经法庭调查和法庭辩论，在未经公诉机关补充起诉的情况下，径行增加法定加重处罚情节，有违程序正当要求。

二、一审法院超指控事实审判的，二审法院宜以程序违法为由，发回重审更符合新时代刑事诉讼理念

在被告人合法权利的保障方面主要体现在，罪刑法定、罪责刑相适应、证据裁判、疑罪从无等原则，规范刑事案件审判程序，充分保障被告人的合法权

益，防止因程序不当导致裁判结果受到质疑。同时还要依法保障律师参与刑事诉讼各项权利，充分保障被告人的辩护权利。《新刑诉法司法解释》相较2012年的司法解释，新增审理期间发现新的量刑事实的程序处理规则，将审理期间发现的新的量刑事实，纳入建议检察院补充、变更、追加起诉的范畴，进一步规范审判权的行使，确保法院对量刑事实的认定，特别是对被告人不利的量刑事实的认定，不能超出检察院提供的犯罪事实范围。

由于我国刑事诉讼实行的是二审终审制，对于一审未经指控直接增加的从重处罚情节，如果二审迳行维持或改判，对于被告人的加重刑罚的判决实际上仅经过了一个审级的审理，变相剥夺了被告人申请复审的权利。因此，以程序违法为由，发回重审更符合新时代刑事诉讼理念，同时也更能体现诉讼程序的公平正义、法律的公平正义。从本案实际处理来看，案件发回重审后，公诉机关对加重处罚情节进行了补充起诉，也补充完善了相关证据，通过程序上的正义，最终让被告人服判息诉，案件审理实现了三个效果的有机统一。

三、对法院在审理中发现新的加重量刑情节的认定，需要求公诉机关补充起诉并严格按照刑事庭审实质化的要求进行法庭调查和法庭辩论

《中华人民共和国刑事诉讼法》第一百九十八条明确要求，法庭审理过程中，对与定罪、量刑有关的事实、证据都应当进行调查、辩论。从文义解释来看，“定案的证据”应当既包含“定罪”的证据，也包括“量刑”的证据，都需要在审理过程中进行调查和辩论。随着刑事庭审实质化改革持续推进，无论是速裁、简易程序还是普通程序审理的案件，对“量刑”事实和证据的审理，逐渐与“定罪”区分开来，在司法解释中也对此予以明确，《最高人民法院、最高人民检察院、公安部、国家安全部、司法部关于规范量刑程序若干问题的意见》第一条第一款明确规定，人民法院在法庭审理中应当保障量刑程序的相对独立性；第十七条明确要求人民法院应当在法庭调查中查明定刑幅度、法定或酌定量刑的情节。本案中“组织未成年人卖淫”作为法定从重情节，属于法院在审理中发现，公诉机关对此并没有提起指控的，法院应当建议公诉机关补充起诉，并进行法庭调查和法庭辩论。

在审理过程中人民法院发现可能影响定罪或量刑的新的事实，应当通知人民检察院补充侦查、变更或追加起诉。而法院在审理过程中发现新的事实可能存在三种情形：一是法院在审查控辩双方提交的证据材料时，发现可能影响定罪或量刑的、相关事实清晰明确、但控辩双方均未主张的事实；二是法院在审理过程中发现与本案具有一定关联、可能影响本案定罪或量刑、但需进一步补充查证的事实；三是法院在审理过程中发现被告人新罪的相关事实的。基于严格证明和自由证明的划分，对不同情形具有不同的处置方式。严格证明是指运用法定证据方法，经过法律规定的证据调查程序（常规的法庭调查和质证程序）进行的证明；自由证明是指运用除此以外的方法不受法律规定的约束而进行的证明（如以查阅卷宗或者电话询问的方式）。一般认为，对于犯罪构成事实和倾向于对被告人从重处罚的量刑事实（其中大部分与犯罪构成事实是重合的）应当适用严格证明，对于那些倾向于对被告人从宽处罚的量刑事实可以适用自由证明。对应到前述三种情形来看：在第一种情形下，对于可能影响定罪量刑的新事实，尽管已经由控方查明或辩方向法院提交，但相关事实仍须经质证后方能作为证据采用，应当适用严格证明原则通过补充开庭的方式对该证据进行调查、质证；在第二种情形下，由于相关事实尚需进一步查明，事实未查明，则不存在相关事实经控辩双方质证后认定为证据的前提，应当适用严格证明原则，经人民检察院补充侦查后再通过法庭调查、辩论，确定是否作为定案证据；在第三种情形下，案件涉及新罪的审理，应当适用严格证明原则由人民检察院补充侦查。同时，对于第一种情形，需要进一步区分新的事实是否有利于被告人。对于不利于被告人的量刑新证据，在控辩双方存在争议的情况下，仍应当适用严格证明；对于有利于被告人的量刑新证据，则可以适用自由证明，即庭外征求控辩双方意见即可。

本案中，对于被告人“组织未成年人卖淫”这一法定从重情节，既属于第一种情形中不利于被告人的事实，也属于第二种情形中需要检察机关补充侦查、变更或补充起诉的情况。《新刑诉法司法解释》第七十二条第一款指出被害人的身份属于应当运用证据证明的案件事实，认定被告人从重处罚，适用证据确实、充分的证明标准。因此，一审法院就新发现的从重处罚量刑事实，未建议人民检察院补充侦查、补充起诉，也未进行法庭调查、法庭辩论，径行对相关事实在判决书中予以直接认定，对被告人的诉讼权利行使构成一定侵害，且根据本案的情况，其认定的证明标准，也未达到证据确实、充分。因此，对于法院在审理中发现新的加重量刑事实，需建议公诉机关补充侦查，同时还需按照证据确实、充分的要求进行认定，按照刑事庭审实质化的要求，组织法庭调查和法庭辩论。

编写人：四川省成都市中级人民法院　徐贵勇　蒋芝玉

50

共同诈骗中刑民交叉程序的衔接

——韦某福、黄某某诈骗，韦某福虚假诉讼案

【案件基本信息】

1. 裁判书字号

广西壮族自治区南宁市中级人民法院（2021）桂01刑终418号刑事裁定书

2. 案由：诈骗罪、虚假诉讼罪

【基本案情】

2016年，被告人韦某福以“投资”为由让被告人黄某某出资，但黄某某手头没有钱款。于是二人共谋由黄某某出具三张每张30万元共90万元的虚假债务借条给韦某福，通过假装追偿债务意图向黄某某的父母索要钱款用于“投资”。2016年10月，韦某福持该三张借条找到黄某某及黄某某的父母韦某文、黄某泉要求偿还债务，韦某文、黄某泉不置可否。2017年3月，黄某某从广东惠州回到广西横县筹备婚礼，韦某福与黄某某便共谋由韦某福假装扣留黄某某

为名骗取黄某某的父母韦某文、黄某泉钱款。2017年3月12日，黄某某通过电话告诉黄某泉称其被韦某福扣留在某批发市场。后被害人韦某文、黄某泉等来到某批发市场与韦某福商量，韦某福要求韦某文、黄某泉偿还20万元后才让黄某某离开。次日，黄某泉在某客运站将5万元现金交给韦某福。同年3月17日，黄某泉又转账15万元给韦某福指定户名为谭某某的账户。

2019年4月23日，韦某福以前述虚假债务借条，捏造债权债务关系，向人民法院提起诉讼，要求黄某某归还其借款本金70万元，并让其姑姑韦某芝、韦某出具虚假情况说明，致使横县人民法院一审及南宁市中级人民法院二审判决黄某某需归还韦某福借款本金70万元。

【案件焦点】

1. 被告人韦某福在各个阶段的犯罪行为如何定性及是否应数罪并罚的问题；2. 二被告人合谋诈骗引起的虚假诉讼案件中债权债务关系的真实性如何认定；3. 刑事裁判与生效民事裁判存在冲突的刑民交叉程序衔接问题。

【法院裁判要旨】

广西壮族自治区宾阳县人民法院经审理认为：被告人韦某福、黄某某以非法占有为目的，虚构事实、隐瞒真相，骗取他人财物，数额巨大，其行为均已触犯《中华人民共和国刑法》第二百六十六条的规定，构成诈骗罪。被告人韦某福以捏造的事实提起民事诉讼，妨害司法秩序，其行为已触犯《中华人民共和国刑法》第三百零七条之一的规定，构成虚假诉讼罪。检察机关指控的罪名成立。被告人韦某福一人犯数罪，依法应数罪并罚。被告人韦某福、黄某某是诈骗罪的共同犯罪，在共同犯罪过程中均起主要作用，均是主犯，应当按照其所参与的全部犯罪处罚。被告人黄某某犯罪后自动投案，如实供述自己的罪行，是自首，本院予以减轻处罚；其诈骗近亲属财物，近亲属予以谅解，且自愿接受处罚，本院予以从轻处罚。

广西壮族自治区宾阳县人民法院依照《中华人民共和国刑法》第二百六十六条、第三百零七条之一、第六十七条第一款、第二十五条、第二十六条第一款及第四款、第五十二条、第五十三条、第六十四条、第六十九条第一款及第三款之规定，判决如下：

一、被告人韦某福犯诈骗罪，判处有期徒刑五年，并处罚金人民币 10 万元；犯虚假诉讼罪，判处有期徒刑一年六个月，并处罚金人民币 2 万元。决定执行有期徒刑六年，并处罚金人民币 12 万元；

二、被告人黄某某犯诈骗罪，判处有期徒刑一年，并处罚金人民币 2 万元；

三、责令被告人韦某福、黄某某共同退赔被害人黄某泉、韦某文的经济损失 20 万元。

韦某福持原审辩解提起上诉。

广西壮族自治区南宁市中级人民法院经审理认为：上诉人（原审被告人）韦某福伙同原审被告人黄某某以非法占有为目的，虚构事实、隐瞒真相，骗取他人财物，数额巨大，其行为已构成诈骗罪。原审被告人韦某福以捏造的事实提起民事诉讼，妨害司法秩序，其行为已构成虚假诉讼罪。对于韦某福提出一审认定事实错误，量刑过重的上诉理由，经查，韦某福犯诈骗罪、虚假诉讼罪的事实有同案人黄某某的供述、被害人陈述及相关书证等证据证实，韦某福在侦查阶段亦供认，故对韦某福的上诉予以驳回。

广西壮族自治区南宁市中级人民法院依照《中华人民共和国刑事诉讼法》第二百三十六条第一款的规定，作出如下裁定：

驳回上诉，维持原判。

【法官后语】

为进一步加强虚假诉讼整治工作，维护司法秩序、实现司法公正、树立司法权威，最高人民法院等部门发布了相关司法解释、指导意见。如何正确适用相关司法解释和指导意见，对被告人的行为予以准确定性，对刑民交叉程序衔接问题予以充分考虑，是本案审理过程中的难点。

首先，关于被告人韦某福行为的定性，笔者结合案件情况，分析如下：根据《最高人民法院、最高人民检察院关于办理虚假诉讼刑事案件适用法律若干问题的解释》第四条的规定，实施刑法第三百零七条之一第一款行为，非法占有他人财产或者逃避合法债务，又构成诈骗罪，职务侵占罪，拒不执行判决、裁定罪，贪污罪等犯罪的，依照处罚较重的规定定罪从重处罚。那么本案被告人韦某福的行为是否可以依照处罚较重的诈骗罪处罚？笔者对此持否定态度。诈骗犯罪行为通常表现形式是行为人向被害人实施虚构事实或者隐瞒真相行为，被害人产生错误认识自愿交付自己所有或者占有的财物从而遭受财产损失，因此笔者认为，本案可分成三个行为阶段。

第一阶段是被告人韦某福、黄某某伪造借条虚构债务，由韦某福找黄某某父母黄某泉、韦某文要钱。黄某某目的是向其父母黄某泉、韦某文要钱“投资”，但由于所虚构债务远超出其经济能力，黄某泉、韦某文不相信债务的真实性对此不置可否，并未产生错误认识，此时韦某福、黄某某的行为并未造成实质性危害，不具有可罚性。

第二阶段是韦某福、黄某某虚构黄某某被扣留的事实，诈骗黄某某父母即被害人黄某泉、韦某文，二人信以为真，产生错误认识，为了黄某某能如期筹办婚礼，自愿支付了20万元，此时韦某福、黄某某的行为符合诈骗罪的构成要件，其行为应当认定为诈骗罪。

第三阶段是因诈骗分赃问题韦某福与黄某某发生矛盾后，韦某福以之前捏造的借贷事实起诉黄某某，意图通过虚假诉讼非法占有黄某某70万元的财产。但此时黄某某知道事实真相，不可能产生错误认识，更不会基于错误认识自愿交付财物，即不存在被诈骗的可能性，故韦某福的行为不构成诈骗罪。韦某福的行为致使人民法院开庭审理，干扰正常司法活动，并基于其捏造的事实作出了裁判文书，妨害司法秩序，其行为应构成虚假诉讼罪。

综上，被告人韦某福与黄某某共谋诈骗他人财物数额巨大，又以捏造的事实提起民事诉讼妨害司法秩序，其行为构成诈骗罪、虚假诉讼罪，依法应数罪并罚。

其次，本案审理的另一争议焦点在于被告人之间债权债务关系真实性的认定。根据案情，结合被告人韦某福自身阅历、经济状况和相关证人证言来分析，可以推定无固定工作的被告人韦某福出借90万现金给黄某某用于种地的辩解不符合常理，并且其以价格明显不对等的不动产证件“抵押”（仅交付证件，未签订抵押合同，未进行抵押登记），该不动产证件在韦某福诈骗被害人韦某文20万元后便已归还，行为有悖民间借贷的正常交易习惯。其虚构债权债务，并指使韦某、韦某芝为其提供虚假证明，以捏造的事实提起民事诉讼，欺骗法院作出错误裁判，造成司法资源浪费，且一审、二审法院均认可韦某福虚构债权债务关系的事实，即意味着韦某福伙同黄某某以虚假借款合同向被害人实施诈骗是事实，由此可认定二被告人为诈骗罪。

最后，行为人意图通过民事诉讼途径实现其非法目的，对其犯罪行为造成人民法院作出的裁判文书，涉及的刑民交叉程序衔接该如何正确处理？笔者认为，被告人韦某福伪造证据，虚构自身经济状况和出借能力，以捏造的事实提起民事诉讼，致使人民法院开庭审理、干扰正常司法活动，并基于捏造的事实作出裁判文书，其实质上并不存在诉权，其犯罪行为造成司法资源浪费、司法公信力受损。人民法院对其犯罪行为的审理和判罚则是查明事实真相，维护司法公正的必经过程。根据《最高人民法院、最高人民检察院、公安部、司法部关于进一步加强虚假诉讼犯罪惩治工作的意见》第十五条的规定，人民法院对于与虚假诉讼刑事案件的裁判存在冲突的已经发生法律效力的民事判决、裁定、调解书，应当及时依法启动审判监督程序予以纠正。因此，对本案涉及的已经发生法律效力的民事判决，人民法院可依法启动审判监督程序予以纠正，以维护司法公正和司法权威。

编写人：广西壮族自治区宾阳县人民法院　邵健锐　蒋颖

ISBN 978-7-5216-3285-9

图书在版编目（CIP）数据

中国法院2023年度案例．刑事案例．一／国家法官学院，最高人民法院司法案例研究院编．—北京：中国法制出版社，2023.5

ISBN 978-7-5216-3285-9

Ⅰ.①中… Ⅱ.①国… ②最… Ⅲ.①刑事犯罪-案例-汇编-中国 Ⅳ.①D920.5

中国国家版本馆CIP数据核字（2023）第026376号

策划编辑：李小草　韩璐玮（hanluwei666@163.com）

责任编辑：白天园　　　封面设计：李宁

中国法院2023年度案例．刑事案例．一

ZHONGGUO FAYUAN 2023 NIANDU ANLI. XINGSHI ANLI. YI

编者/国家法官学院，最高人民法院司法案例研究院

经销/新华书店

印刷/三河市紫恒印装有限公司

开本/730毫米×1030毫米　16开　　　印张/13.75　字数/165千

版次/2023年5月第1版　　　2023年5月第1次印刷

中国法制出版社出版

书号 ISBN 978-7-5216-3285-9　　　定价：69.00元

北京市西城区西便门西里甲16号西便门办公区

邮政编码：100053　　　传真：010-63141600

网址：http://www.zgfzs.com　　　**编辑部电话：010-63141792**

市场营销部电话：010-63141612　　　**印务部电话：010-63141606**

（如有印装质量问题，请与本社印务部联系。）

中国法院2012~2023年度案例系列

国家法官学院　最高人民法院司法案例研究院　编

简便易用、专业实用——打造“好读有用”的案例

1. 专业的作者：国家法官学院自2012年起推出“中国法院年度案例丛书”，至今已有12年，旨在探索编辑案例的新方法、新模式，以弥补当前各种案例书的不足。自2020年起，丛书由国家法官学院与最高人民法院司法案例研究院共同编辑，每年年初定期出版。

2. 强大的规模：23本含传统和新近的热点纠纷，这些案例是从全国各地法院收集到的上一年度审结的近万件典型案例中挑选出来的，具有广泛的选编基础和较强的代表性。

3. 独特的内容：高度提炼案情和裁判要旨，突出争议焦点问题，主审法官撰写“法官后语”，展现裁判思路方法。

4. 数据库增值服务：2023年继续推出数据库增值服务，凡购买本书，扫描前勒口二维码，即可免费使用往年同类案例数据库。

《中国法院2023年度案例系列（全23册）》

1. 婚姻家庭与继承纠纷
2. 物权纠纷
3. 土地纠纷（含环境资源纠纷）
4. 房屋买卖合同纠纷
5. 合同纠纷
6. 买卖合同纠纷
7. 借款担保纠纷
8. 民间借贷纠纷
9. 侵权赔偿纠纷
10. 道路交通纠纷
11. 提供劳务者受害责任纠纷
12. 人格权纠纷
13. 劳动纠纷（含社会保险纠纷）
14. 公司纠纷
15. 保险纠纷
16. 金融纠纷
17. 知识产权纠纷
18. 行政纠纷
19. 刑事案例一
20. 刑事案例二
21. 刑事案例三
22. 刑事案例四
23. 执行案例

中国法院年度案例集成丛书(全15册)

国家法官学院　最高人民法院司法案例研究院　编

汇集十年精华　展现裁判思维　促进适法统一

实务性：一本为新型疑难法律适用问题提供解决方案的司法实务参考用书

工具性：一部可以查阅人民法院类型化裁判规则的小全书

1. 物权纠纷裁判规则理解与适用
2. 合同纠纷裁判规则理解与适用
3. 借款担保纠纷裁判规则理解与适
4. 人格权纠纷裁判规则理解与适用
5. 婚姻家庭与继承纠纷裁判规则理解与适用
6. 侵权纠纷裁判规则理解与适用
7. 道路交通纠纷裁判规则理解与适用
8. 保险纠纷裁判规则理解与适用
9. 劳动纠纷裁判规则理解与适用
10. 公司纠纷裁判规则理解与适用
11. 金融纠纷裁判规则理解与适用
12. 知识产权纠纷裁判规则理解与适用
13. 行政纠纷裁判规则理解与适用
14. 刑事案例裁判规则理解与适用
15. 执行纠纷裁判规则理解与适用